Portugais

MÉTHODE EXPRESS

Sue Tyson Ward

HARRAP

Cet ouvrage a été publié par Hodder & Stoughton en 2003 sous le titre
Teach Yourself Beginner's Portuguese

Texte de Sue Tyson-Ward

HARRAP est une marque de Larousse SAS.
Harrap® est une marque déposée.
www.harrap.com

Édition française :
© Larousse, 2011
21, rue du Montparnasse
75283 Paris Cedex 06

ISBN 978 2 81 870026 6

Direction de la publication : Carine Girac-Marinier
Direction éditoriale : Claude Nimmo
Suivi éditorial : Beata Assaf
Révision : Nathalie da Silva
Informatique éditoriale : Dalila Abdelkader
Conception graphique : Sophie Rivoire
Mise en page : Jérôme Faucheux
Fabrication : Rebecca Dubois

Édition précédente
Traduction : Solenn Alazet, Cristina Mendes
Coordination éditoriale : Julie Lehoux
Direction éditoriale : Anna Stevenson

Toute représentation ou reproduction, intégrale ou partielle, faite sans le consentement de l'auteur, ou de ses ayants-droit, ou ayants-cause, est illicite (artic le L. 122-4 du Code de la Propriété Intellectuelle). Cette représentation ou reproduction, par quelque procédé que ce soit, constituerait une contrefaçon sanctionnée par l'article L. 335-2 du Code de la Propriété Intellectuelle.

Les termes considérés comme des marques déposées sont signalés dans cet ouvrage par ®. Cependant la présence ou l'absence de ce symbole ne constitue nullement une indication quant à la valeur juridique de ces termes.

Table des matières

Introduction .... **VIII**

Guide de prononciation ....**XII**

01   Muito prazer 1
         Enchanté(e)
- saluer les gens
- dire merci et demander si ça va
- se présenter
- employer des formules de politesse

02   De onde é? 9
         D'où êtes-vous ?
- dire d'où vous venez
- parler de nationalités
- demander à quelqu'un s'il parle français
- employer la négation

03   Onde mora? 19
         Où habitez-vous ?
- donner une adresse
- utiliser quelques prépositions
- reconnaître un groupe verbal
- parler de l'endroit où vous travaillez
- compter de 0 à 20

04   A família 30
         La famille
- décrire les personnes
- utiliser les possessifs
- décrire et comparer les membres de votre famille
- parler de l'âge

Table des matières

05 **Gostos pessoais** **39**
Les goûts personnels
- conjuguer un groupe verbal au présent
- dire ce que vous aimez/n'aimez pas
- décrire les lieux
- parler de préférences

06 **Em casa** **48**
À la maison
- dire « il y a »
- décrire votre maison
- dire où se trouvent les objets

07 **A vida diária** **57**
La vie quotidienne
- conjuguer deux verbes irréguliers
- compter de 21 à 100
- dire l'heure
- parler d'activités quotidiennes
- nommer les jours de la semaine
- conjuguer deux autres groupes verbaux

08 **Tempos livres** **70**
Le temps libre
- vous adresser aux personnes en portugais du Brésil
- parler d'activités que vous aimez faire
- demander aux gens ce qu'ils aiment faire pendant leur temps libre
- parler de la fréquence d'une activité
- conjuguer quatre verbes irréguliers

09 **As férias** **79**
Les vacances
- conjuguer de nouveaux verbes irréguliers
- parler des vacances
- nommer les mois de l'année
- parler de l'avenir
- dire ce que vous aimeriez faire
- compter de 101 à 199

10 Transportes 89
Les transports
- parler des moyens de transport
- dire ce que vous souhaitez
- dire « plus de » et « moins de »
- compter à partir de 200
- donner des ordres

11 Viajar 98
Voyager
- se renseigner sur les transports publics
- acheter des billets
- obtenir des informations à l'office du tourisme
- demander, comprendre et indiquer des directions

12 Na cidade 109
En ville
- changer de l'argent
- acheter des timbres et passer des coups de téléphone
- reconnaître des pancartes
- trouver des toilettes au Portugal

13 Ir às compras 114
Faire les courses
- acheter des produits au marché et à l'épicerie
- connaître le vocabulaire de la gastronomie
- se faire comprendre dans les magasins
- acheter des vêtements

14 Comer fora 123
Manger à l'extérieur
- commander un repas dans un café ou un restaurant
- connaître les différentes boissons du Portugal
- comprendre les menus

Table des matières

Table des matières

15 Sentir-se mal 133
Se sentir mal
- parler de maladies bénignes et de médicaments
- bien réagir en cas d'accident
- s' exprimer à la pharmacie ou chez le médecin

16 Viajar de carro 141
Voyager en voiture
- parler de voitures et de circulation routière
- reconnaître les carburants dans les stations-service
- respecter le code de la route
- signaler un accident et déclarer un vol

17 O alojamento 150
L'hébergement
- trouver un hébergement
- réserver une chambre
- signaler une panne
- utiliser le passé composé

18 Fazer campismo 159
Faire du camping
- parler de camping
- parler du temps qu'il fait
- comprendre les bulletins météorologiques

19 Os divertimentos 167
Les divertissements
- parler d'activités de plein air
- conjuguer les verbes réguliers au passé simple
- parler d'activités culturelles

20 Finalmente… 174
Pour terminer…

Annexes **177**

- Test de révision **178**
- Corrigé des exercices **183**
- Corrigé des tests de révision **194**
- Lexique portugais-français **195**
- Lexique français-portugais **211**
- Les nombres **222**
- Index grammatical **223**

Contenu des CD **224**

Vous n'avez aucune expérience préalable du portugais, ou vous avez tout oublié et vous souhaitez le reprendre sur de bonnes bases ? Dans ce cas *Portugais Méthode express* est la méthode qu'il vous faut. Conçue comme une méthode d'auto-apprentissage, elle vous aidera à comprendre, lire et parler suffisamment le portugais pour vous permettre de communiquer pendant vos vacances ou lors de voyages d'affaires.

L'ouvrage se compose de deux parties. Dans la première, jusqu'au Chapitre 10, nous aborderons les structures de base et les points grammaticaux dont vous aurez besoin au quotidien. Chaque chapitre se fonde sur ce qui a été étudié précédemment, vous devrez donc les étudier dans l'ordre.

Les chapitres 11 à 19 sont thématiques et traitent de situations quotidiennes telles que faire les courses, commander un repas, faire une réservation dans un hôtel, voyager... Ils vous donnent l'occasion de mettre en pratique ce que vous appris dans la première partie. Vous pouvez étudier ces chapitres dans l'ordre que vous souhaitez.

Lorsque l'on apprend une langue étrangère, surtout au début, on se sent parfois intimidé par la somme de mots nouveaux à apprendre. Essayez de trouver une méthode à vous pour apprendre du vocabulaire : cela peut consister à coller des étiquettes sur les meubles de la maison ou encore à se constituer des petites listes de mots à apprendre chaque jour. Chacun a sa méthode et vous devez trouver celle qui vous convient le mieux.

À propos des Chapitres 1 à 10

La première page de chaque chapitre vous présente ce que vous allez apprendre, puis un petit exercice vous fait immédiatement pratiquer votre expression orale.

Les listes de vocabulaire contiennent les expressions et les mots importants présentés dans le chapitre. Essayez de les apprendre par cœur, car ils réapparaissent dans le reste du chapitre et dans les chapitres suivants.

Dialogue. Lisez les dialogues plusieurs fois à voix haute et essayez toujours d'en comprendre le sens général avant de lire la traduction du vocabulaire nouveau. Les titres et les phrases d'introduction vous aideront à savoir de quoi il s'agit. Lorsque vous commencez votre lecture (ou votre écoute) faites des pauses régulières afin de diviser le texte en petites parties plus faciles à analyser. Répétez les phrases plusieurs fois pour vous aider à acquérir un accent plus authentique.

Lecture et **Monologue**. Lisez-les plusieurs fois jusqu'à en saisir le sens général, puis apprenez le vocabulaire nouveau.

Grammaire. Dans cette rubrique vous êtes libre de vous organiser comme vous le souhaitez : vous pouvez commencer par lire les exemples et essayer d'en déduire vous-même la règle grammaticale, ou bien lire la règle d'abord puis voir comment elle s'applique aux exemples. Lorsque vous avez bien compris la règle, essayez de faire vos propres phrases pour l'illustrer.

Cette rubrique 🌍 vous aidera à comprendre la langue en vous expliquant certaines différences culturelles.

Exercices. Chaque activité de cette rubrique vous permettra de travailler un des points abordés dans la rubrique **Grammaire.**

Autoévaluation. Elle vous permet à la fin de chaque chapitre d'évaluer les connaissances que vous avez acquises au cours des deux ou trois chapitres précédents.

À propos des Chapitres 11 à 19

La première page de chaque chapitre vous présente ce que vous allez apprendre. La plupart des chapitres comportent un petit texte en portugais sur le thème abordé.

Les listes de vocabulaire présentent les termes nécessaires aux situations de la vie quotidienne : commander à manger, faire une réservation à l'hôtel, demander les horaires des trains, partir en excursion...

Dialogues. Chacun traite d'un aspect différent du thème abordé. Tâchez de les lire (ou de les écouter) petit à petit en répétant les phrases et les mots nouveaux.

Exercices. La plupart des activités se rapportent à des documents portugais authentiques qui vous permettront de vous faire une idée de la façon dont les choses fonctionnent au Portugal, et de pratiquer en même temps votre compréhension écrite. Cela vous permettra de gagner de l'assurance pour pouvoir faire face à des situations réelles.

Vous pourrez évaluer vos progrès grâce à la rubrique **Tests de révision** à la fin de l'ouvrage. Elle est divisée en deux parties, l'une couvrant les Chapitres 1 à 10, l'autre les Chapitres 11 à 19.

Les réponses à tous les **Exercices, Documents** et **Autoévaluations** se trouvent dans le **Corrigé des exercices** à la fin de l'ouvrage.

Comment apprendre une langue efficacement

1) Étudiez un petit peu chaque jour, entre 20 et 30 minutes si possible, plutôt que 2 ou 3 heures en une seule fois.
2) Essayez de vous fixer des objectifs à court terme : par exemple, évaluez combien de temps vous allez passer sur tel ou tel chapitre, puis essayez de vous y tenir.
3) Révisez et faites les petits tests d'**autoévaluation** qui se trouvent à la fin de chaque chapitre.
4) Suivez les conseils donnés dans l'ouvrage et essayez de prononcer à voix haute les mots et les expressions que vous apprenez.
5) Saisissez toutes les occasions qui s'offrent à vous pour parler la langue. Suivez des cours dans une classe, demandez de l'aide à un lusophone ou essayez de trouver des clubs ou des associations de Portugais.
6) Ne vous inquiétez pas si vous faites des fautes. Le plus important est de vous faire comprendre.

À la fin de l'ouvrage

Vous trouverez une section de référence à la fin de l'ouvrage, comportant :

Les Tests de révision

Le Corrigé des exercices

Le Lexique portugais-français et le lexique français-portugais.

Les Nombres

Un Index grammatical pour vous permettre de retrouver les points de grammaire abordés dans l'ouvrage.

Les symboles et les abréviations

Ce symbole indique que vous pouvez écouter le texte si vous disposez des enregistrements.

	information culturelle	(mpl)	nom masculin pluriel
(m)	masculin	(fpl)	nom féminin pluriel
(f)	féminin	(mf)	nom avec la même forme au féminin et au masculin
(sg)	singulier		
(pl)	pluriel	(fam.)	familier

Comment utiliser cette méthode si vous disposez des enregistrements

Cette méthode a été conçue de manière à ce que vous puissiez travailler avec ou sans les enregistrements. L'utilisation du CD constitue néanmoins une aide supplémentaire qui vous permettra d'améliorer votre expression orale en perfectionnant votre accent, ainsi que votre compréhension. Enregistrés par des acteurs natifs, les enregistrements vous offriront la possibilité d'entendre du portugais authentique.

Les textes et les activités orales enregistrés sont indiqués par l'icône 🎧 Si vous travaillez à partir de l'enregistrement, la première étape est toujours d'essayer de comprendre le texte avant de le lire dans l'ouvrage. La lecture du texte et l'apprentissage du vocabulaire nouveau doivent vous permettre de comparer ce que vous avez dégagé du texte de ce qui y est réellement dit. La deuxième étape consiste à écouter de nouveau en faisant des pauses fréquentes pour pouvoir répéter ce que disent les locuteurs. Puis essayez de répéter des phrases complètes.

Il est essentiel de reprendre régulièrement l'écoute des premiers textes afin de vous remémorer et d'assimiler ce que vous avez appris.

Les mots d'origine portugaise ne comportent pas de **k, w** et **y**, bien que ces lettres apparaissent dans des mots d'origine étrangère. Il existe d'autre part deux combinaisons de lettres qui n'existent pas en français :

- **lh**, prononcé comme *lli* dans *millionaire* : **mulher, trabalhar.**
- **nh**, prononcé comme *gn* dans *oignon* : **vinho, sozinho.**

Vous trouverez ci-dessous l'alphabet portugais avec la prononciation (approximative) des lettres qui se prononcent différemment du français entre parenthèses.

a, b, c, d, e, f, g (*gué*), h (*haga*), i, j (*jota*), (k (*kappa*)), l, m, n, o, p, q (*qué*), r, s, t, u (*ou*), v, (w (*double iou*)), x (*chiche*), (y (*ipsilon*)), z (*zé*)

Les voyelles portugaises

Imiter les sons de voyelle portugais n'est pas facile car les Portugais « mangent » les mots, surtout les voyelles. Il y a beaucoup de sons nasalisés en portugais, et la prononciation du son peut changer selon l'endroit où la voyelle est placée dans le mot. Voici la prononciation des voyelles portugaises :

a	comme dans *pâte* – **hospital** – ou comme un *eu* très court – **mesa**
e	comme dans *paire* – **certo** – ou comme le *e* caduc – **pesar**
i	comme dans *rire* – **partida** – ou comme un *i* tendant vers un *é* – **emigrar**
o	comme dans *homme* – **nova** – ou comme dans *outil* – **sapato**
u	comme dans *outil* – **durmo** – ou plus fermé – **mudar**

Elles comportent parfois des accents et leur prononciation peut changer en conséquence :

ã	comme dans *main* – **irmã.** Son nasalisé.
â	*a* tirant vers *e*, – **ambulância.** Son nasalisé.
à	comme dans *lac* – **à**
á	comme dans *lac* – **árabe**
ê	comme dans *année* – **você**
é	comme dans *père* – **pé** – ou comme *eïn* – **alguém.** Son nasalisé.
í	comme dans *île* – **artístico**
õ	comme dans *pont* – **põe.** Son nasalisé.
ô	comme dans *beau* – **capô**
ó	comme dans *homme* – **exótico**
ú	comme dans *outil* – **dúzia**

Les consonnes portugaises 🔊 CD 1 piste 1

Les consonnes portugaises diffèrent également des sons français dans bien des situations. Lisez ci-dessous ou écoutez chaque mot portugais dans lesquels les sons des consonnes apparaissent. Le son équivalent (approximatif) français est également donné.

Consonne	Son français	Son portugais
b	*ballon*	**bonito**
c+a/o/u	*camp*	**comer**
c+e/i	*centre*	**centro**
ç	*façon*	**maçã**
d	*donner*	**dar**
f	*fable*	**falar**
g+e/i	*gelée*	**geleia**
g+a/o/u	*garde*	**pagar**
h	*« muet »*	**hotel**
j	*gelée*	**Julho**
l	*libre*	**livre**
m	*malle*	**mesa**
n	*nager*	**nadar**
p	*partir*	**parar**
q(u)	*quantum*	**quando**
q(u) +e/i	*qui*	**quem**
r	*« roulé »*	**rio**
r+r	*arriver*	**carro**
s	*soleil*	**sol**
s+voyelle	*maison*	**casa**
s+s	*admission*	**admissão**
t	*tout*	**todo**
x	*chocolat*	**baixa**
z	*maison / chocolat*	**fazer / faz**

Guide de prononciation

Les règles d'accentuation

Les mots portugais sont accentués, contrairement aux mots français qui se prononcent sur un ton monocorde. Cela signifie qu'on insiste plus fortement sur une syllabe du mot. Il s'agit de la dernière syllabe si le mot se termine par **i**, par **u**, par une diphtongue (combinaison de deux sons vocaliques comme dans l'interjection « aïe »), par une consonne ou par un son nasalisé : **papel**, **irmão**.

L'avant-dernière syllabe est accentuée s'il s'agit de verbes se terminant en **am** ou **em**, ou des mots se terminant en **a**, **e**, **o**, **em**, **ens** : **mesa**, **falam**.

Si un mot ne suit aucune de ces règles, son accentuation sera alors marquée par un accent écrit. Si vous voyez un mot avec un accent sur une syllabe, il faut donc insister sur cette syllabe.

Conseils pour vous aider à acquérir un accent authentique

CD 1 piste 1

Il n'est pas absolument essentiel d'acquérir un accent parfait, l'objectif étant de se faire comprendre et pas nécessairement de pouvoir passer pour un Portugais ; voici néanmoins un certain nombre de techniques pour vous aider à travailler votre prononciation.

1) Écoutez attentivement les lusophones, que ce soit votre professeur, l'enregistrement ou autres. Si possible, répétez à voix haute ce qu'ils disent en imaginant que vous êtes vous-même lusophone.
2) Enregistrez-vous et comparez votre prononciation avec celle d'un lusophone.
3) Demandez à un lusophone d'écouter votre prononciation et de vous dire ce qui doit être amélioré.
4) Demandez à un lusophone comment prononcer un son particulier. Observez, puis pratiquez chez vous.
5) Faites une liste des mots que vous trouvez difficiles à prononcer et entraînez-vous.

Maintenant vous allez pouvoir travailler votre prononciation en répétant le nom des endroits suivants. Vous pouvez aussi les écouter sur l'enregistrement avant de les répéter. Ensuite, cherchez où ils se trouvent sur la carte du Portugal (page suivante).

Tout d'abord, les régions du Portugal :

1	Minho	6	Beira Baixa
2	Douro	7	Estremadura
3	Trás-os-Montes	8	Ribatejo
4	Beira Alta	9	Alentejo
5	Beira Litoral	10	Algarve

Enfin, quelques villes principales :

1	Lisboa	**6**	Porto
2	Faro	**7**	Braga
3	Guarda	**8**	Évora
4	Setúbal	**9**	Portalegre
5	Coimbra	**10**	Vila Real

01

Muito prazer
Enchanté(e)

Dans ce chapitre, vous apprendrez à :
- saluer les gens
- dire merci et demander si ça va
- vous présenter
- employer des formules de politesse

Avant de commencer

Lisez bien l'introduction à cette méthode, qui vous donne des conseils utiles de façon à profiter au maximum de votre apprentissage. Efforcez-vous de lire à voix haute pour progresser plus rapidement.

Mots et expressions clé   CD1 piste 2

Vous trouverez ci-dessous quelques salutations très courantes au Portugal. Si vous avez déjà voyagé dans un pays lusophone, certaines ne vous seront peut-être pas inconnues. Essayez de vous les remémorer et de les prononcer à haute voix, puis vérifiez si elles figurent dans la liste.

VOCABULAIRE

Bom dia.	*Bonjour* (le matin).
Boa tarde.	*Bonjour/Bonsoir.*
Boa noite.	*Bonsoir* (quand il fait nuit).
Olá.	*Salut.*
Até já.	*À tout de suite.*
Até logo.	*À tout à l'heure.*
Até amanhã.	*À demain.*
Até breve.	*À bientôt.*
Até à próxima.	*À la prochaine.*
Tchau.	*Salut.*
Adeus.	*Au revoir.*

Les salutations

En portugais on emploie différentes salutations en fonction du moment de la journée. Le matin jusqu'à environ midi, il faut dire **bom dia**. **Boa tarde** prend le relais jusqu'à la nuit tombante. À partir de ce moment-là, c'est **boa noite** qui est employé. Ces trois expressions sont également reprises au moment de prendre congé, souvent accompagnées de **adeus**. Par exemple : **adeus, boa noite**, etc. **Tchau** est une expression populaire brésilienne, exportée au Portugal par les séries télévisées. C'est une salutation familière, comme **olá** et **olá, bom dia**. Au fur et à mesure que vous entendrez des Portugais parler, vous vous familiariserez avec ces expressions et finirez par avoir les mêmes habitudes.

Dialogue 1

CD1 piste 2

Na rua *Dans la rue*

Paula rencontre un de ses voisins et le salue rapidement.

Paula	Bom dia, senhor Mendes. Como está?
Sr. Mendes	Estou bem, obrigado, e a senhora?
Paula	Bem, obrigada.

Une amie de Paula, Ana, arrive.

Paula	Olá, Ana, está boa?
Ana	Estou, e a Paula?
Paula	Também estou, obrigada.
Ana	Então, até já.
Paula	Adeus, até logo.

VOCABULAIRE

como está?	*comment allez-vous ?*
estou bem	*je vais bien*
obrigado	*merci* (quand un homme parle)
está boa?	*vous allez bien ?* (quand on s'adresse à une femme)
e	*et*
também	*aussi*
obrigada	*merci* (quand une femme parle)
então	*alors, dans ce cas*

Grammaire

1) « Merci »

Dans ce premier dialogue vous avez découvert **obrigado** et **obrigada**, qui signifient *merci*. Les hommes disent **obrigado**, qui est au masculin, et les femmes **obrigada**, qui est au féminin. Beaucoup de mots portugais ont une forme féminine et une forme masculine comme dans de nombreuses autres langues latines. En tant que francophone, ce concept n'est pas nouveau pour vous.

En portugais, la terminaison d'un mot indique son genre : les mots masculins se terminent généralement en **-o**, tandis que les mots féminins se terminent presque toujours en **-a**.

2) « Vous »

Il existe différentes façons de dire *vous* en portugais, qui dépendent du degré de familiarité que les personnes ont entre elles, de leur classe sociale, de leur hiérarchie professionnelle, de leur âge, etc. Dans ce dialogue vous avez pu en remarquer deux. D'une part :

o senhor (pour les hommes)	*vous/vous, monsieur* (littéralement *le monsieur*)
a senhora (pour les femmes)	*vous/vous, madame* (littéralement *la dame*)

(**O senhor** sera souvent abrégé en **o Sr.** et **a senhora** en **a Sr.ª**.)

D'autre part : **o** ou **a** + le prénom de la personne

o Miguel	*vous* (masculin, on s'adresse à Miguel)
a Paula	*vous* (féminin, on s'adresse à Paula)

Cette forme-là est souvent utilisée entre collègues ou par des personnes plus âgées envers des personnes plus jeunes.

Au fur et à mesure que nous avancerons dans cette méthode, vous découvrirez d'autres façons de vous adresser aux gens.

3) Estou, está : le verbe « estar »

Les personnages du dialogue demandent et donnent de leurs nouvelles en utilisant :

estou	*je vais* (*bien*) (littéralement *je suis*)
está	*vous allez* (*bien*) (littéralement *vous êtes*)

Bien que la traduction française de **estou** et **está** soit, dans ce contexte, *je vais* et *vous allez*, **estar** est l'un des deux équivalents portugais du verbe *être*. Le second est le verbe **ser**, dont on parlera plus tard.

Le verbe **estar**, *être*, sert à décrire des sentiments, des sensations, des états passagers, ou encore l'emplacement des personnes ou des objets.

4) Les questions

En portugais il est possible de poser une question en élevant simplement l'intonation de la voix à la fin de la phrase, sans inverser le sujet et le verbe. Cette construction peut parfois être familière en français, mais elle est tout à fait correcte en portugais.

Como está?	*Comment allez-vous ?* (littéralement *comment vous allez ?*)
Está boa?	*Vous allez bien ?* (à une femme)

 Exercices

1.1 Complétez les phrases du dialogue.

Ana	Boa noite, senhor Silva. Como...?
Sr. Silva	... bem, obrigado. E a senhora?
Ana	Estou..., ...
Sr. Silva	Então, boa... e... amanhã.
Ana	... noite.

1.2 Dans les contextes suivants, que diriez-vous à ces personnes ?
   a   Vous retrouvez votre amie Ana Paula en milieu de matinée.
   b   Vous rencontrez un collègue à l'heure du déjeuner.
   c   Vous quittez un groupe d'amis en milieu d'après-midi ; vous allez les revoir le lendemain.
   d   Vous allez faire du shopping en ville ; vous reviendrez à la maison un peu plus tard.
   e   Vous retrouvez votre professeur pour un cours dans la soirée.

Document

À quel moment de la journée cette émission va-t-elle passer ?

> **TARDE DE CINEMA: "O ÚLTIMO COMBOIO DE GUN HILL"**
>
> O filme em exibição foi realizado por John Sturges e conta com
> Kirk Douglas e Anthony Quinn nos principais papéis.

 Dialogue 2

CD1 piste 2

Numa festa *Dans une fête*

Nuno emmène Paula à une fête, où elle fait la connaissance de plusieurs personnes.

Nuno	Boa noite, Miguel, estás bom?
Miguel	Estou, e tu?
Nuno	Estou óptimo, obrigado.
Miguel	*(s'adressant à Paula)* Desculpa, como te chamas?
Paula	Chamo-me Paula, e tu?
Miguel	Miguel.
Paula	Muito prazer.
Miguel	Igualmente.

estou óptimo/a	*je vais très bien*
desculpa	*excuse-moi*
chamo-me	*je m'appelle*
estás bom?	*tu vas bien ? (à un homme)*
muito prazer	*enchanté(e)*
igualmente	*de même*

Grammaire

5) « Tu »

Dans le dialogue 2, la forme **tu** est utilisée entre amis. Le verbe passe de **está** à **estás**.

está	*vous êtes*
estás	*tu es*

6) Chamo-me... *Je m'appelle...*

Avez-vous remarqué que lorsqu'on demande à Paula **como te chamas?**, elle répond **chamo-me** ? Nous reviendrons plus tard sur la position des mots **te** et **me**. Pour l'instant, retenez que lorsque vous vous adressez à une personne plus âgée ou que vous connaissez peu, il faut utiliser la forme plus formelle **como se chama?**

7) Desculpe *Excusez-moi*

Le mot **desculpe** (ou **desculpa** lorsque vous vous adressez à quelqu'un que vous tutoyez) peut s'utiliser dans des contextes divers : lorsque vous souhaitez attirer l'attention de quelqu'un, comme dans le Dialogue 2, ou encore lorsque vous interrompez une conversation ou lorsque vous avez bousculé quelqu'un. Vous entendrez également :

perdão	*pardon/je vous demande pardon*
com licença	*excusez-moi (lorsque vous passez devant quelqu'un)*

Les répliques possibles sont :

não faz mal	*ce n'est rien*
com certeza/faz favor	*bien sûr/je vous en prie*

Exercices

1.3 Vous croisez Nuno dans la rue. Complétez le dialogue en portugais, à l'aide des indications en français. Vérifiez vos réponses à partir de l'enregistrement ou du **Corrigé des exercices** à la fin du livre.

Nuno	Boa tarde, como está?
a **Vous**	*Dites bonjour. Dites-lui que vous allez bien, merci.*
	Demandez-lui s'il va bien.
Nuno	Estou bem, obrigado.
b **Vous**	*Dites au revoir. Dites-lui à demain.*
Nuno	Então, até à próxima.

1.4 Quelles questions poseriez-vous à ces personnes pour connaître leur nom ?

    a Ana Maria   **b José**   **c Senhor Mendes**

1.5 Retrouvez six salutations portugaises dans cette grille de mots cachés. Elles peuvent être dissimulées de gauche à droite, de droite à gauche, de haut en bas, de bas en haut et en diagonale.

K	O	B	D	L	G	S	E
M	T	A	Z	P	O	D	O
A	S	J	D	H	R	W	F
I	L	E	N	A	P	J	C
D	A	T	T	D	O	R	Q
M	J	A	F	E	A	Z	S
O	O	R	K	U	B	C	Y
B	S	C	T	S	E	F	P
O	G	O	L	E	T	A	D
C	T	S	B	R	O	L	A

1.6 Le dialogue suivant est dans le désordre. Pouvez-vous le remettre dans l'ordre ? Pour vous aider, la première phrase est **Bom dia, como está?**

Lúcia	Bem, obrigada.
Sr. Silva	Eduardo.
Lúcia	Bom dia, como está?
Lúcia	Chamo-me Lúcia, e o senhor?
Sr. Silva	Estou bem, obrigado, e a senhora?
Sr. Silva	Igualmente.
Lúcia	Muito prazer.
Sr. Silva	Desculpe, como se chama?

Parabéns! (*Bravo !*) Vous avez terminé le premier chapitre. À présent, faites le test ci-dessous pour voir ce que vous avez appris.

Autoévaluation

Pouvez-vous à présent :

- **a** Dire « bonjour » (dans l'après-midi) et demander à une personne que vous connaissez peu comment elle va ?
- **b** Dire « bonne nuit » et « à la prochaine » ?
- **c** Demander familièrement le nom de quelqu'un ?
- **d** Vous présenter ?
- **e** Vous excuser après avoir marché sur le pied de quelqu'un ?
- **f** Dire que vous êtes enchanté(e) de faire la connaissance de quelqu'un ?

02

De onde é?
D'où êtes-vous ?

Dans ce chapitre, vous apprendrez à :
- dire d'où vous venez
- parler de nationalités
- demander à quelqu'un s'il parle français
- employer la négation

Avant de commencer

On a chacun nos propres méthodes pour apprendre, mais il vaut mieux étudier vingt minutes régulièrement que deux heures une fois de temps en temps.

 Dialogue 1

CD1 piste 3

Como se chama? *Comment vous appelez-vous ?*

Monsieur Pereira et Julie viennent juste de faire connaissance dans une soirée. Chacun demande à l'autre de quel pays il vient.

Sr. Pereira	Boa noite. Chamo-me Rui Pereira. E como se chama a senhora?
Julie	Julie.
Sr. Pereira	Muito prazer, Julie. De onde é?
Julie	Sou francesa; sou de Bordéus. E o senhor, de onde é?
Sr. Pereira	Sou português, sou de Lisboa.

VOCABULAIRE

de onde é?	*d'où êtes-vous ?*
sou	*je suis*
francês/francesa	*français(e)*
sou de	*je viens de*
Bordéus	*Bordeaux*
português/portuguesa	*portugais(e)*
Lisboa	*Lisbonne*

Dialogue 2

CD1 piste 3

De onde são? *D'où êtes-vous ?*

Monsieur Pereira demande à des gens d'où ils viennent.

Sr. Pereira	Boa noite. De onde são os senhores?
Susana	Somos da Espanha. Somos espanhóis.
Mário	A Susana é de Madrid, e eu sou de Barcelona. E o senhor, de onde é?
Sr. Pereira	Pois, sou de Portugal!

de onde são?	*d'où êtes-vous ?*
os senhores	*vous* (pluriel)
somos	*nous sommes*
Espanha	*Espagne*
espanhóis	*espagnols*
é	*(elle) est*
eu	*je*
pois	*eh bien*

Grammaire

1) Le verbe « être »

Dans le chapitre précédent vous avez appris les mots **está** (*vous êtes*) et **estou** (*je suis*), pour demander à une personne comment elle va. Vous venez de découvrir dans les dialogues de ce chapitre le deuxième équivalent du verbe *être* : **ser**. On l'utilise pour décrire des caractéristiques permanentes, comme la nationalité et le pays d'origine d'une personne.

Sou de Portugal.	*Je viens du Portugal.* (littéralement *Je suis du...*)
De onde é?	*D'où êtes-vous* (singulier) *?*
A Susana é de Madrid.	*Susana est de Madrid.*
Somos da Espanha.	*Nous sommes d'Espagne.*
De onde são?	*D'où êtes-vous* (pluriel) *?*

2) Je, tu, il, elle, ...

Les pronoms personnels sujet servent à indiquer qui est le sujet du verbe, autrement dit : qui fait l'action. En portugais ces mots sont rarement utilisés car les dernières lettres du verbe, la terminaison verbale, suffisent à indiquer qui est le sujet :

sou	*je suis*
eu sou	*je suis*

Vous pouvez utiliser les pronoms personnels pour marquer une insistance (*je suis d'Espagne*), ou pour éclaircir la situation lorsque le contexte ne permet pas de déterminer de qui il s'agit (**é** = *il, elle, on est ou vous êtes*). Nous reviendrons sur les verbes plus tard.

3) La nationalité

Dans le Chapitre 1 vous avez vu que les noms portugais sont soit masculins, soit féminins. Les nationalités n'échappent pas à cette règle. Lorsque les deux sexes sont représentés, on emploiera toujours le masculin.

Le tableau ci-dessous présente quelques nationalités avec leurs formes masculine, féminine et plurielles :

	Masculin singulier	Féminin singulier	Masculin pluriel	Féminin pluriel
Portugal *le Portugal*	português	portuguesa	portugueses	portuguesas
O Brasil *le Brésil*	brasileiro	brasileira	brasileiros	brasileiras
O Canadá *le Canada*	canadiano	canadiana	canadianos	canadianas
O Luxemburgo *le Luxembourg*	luxemburguês	luxemburguesa	luxemburgueses	luxemburguesas
Os Estados Unidos *les États-Unis*	americano	americana	americanos	americanas
A França *la France*	francês	francesa	franceses	francesas
A Suíça *la Suisse*	suíço	suíça	suíços	suíças
A Bélgica *la Belgique*	belga	belga	belgas	belgas
A Inglaterra *l'Angleterre*	inglês	inglesa	ingleses	inglesas
A Alemanha *l'Allemagne*	alemão	alemã	alemães	alemãs
A Itália *L'Italie*	italiano	italiana	italianos	italianas

N.B. : La terminaison des noms de pays indique si le pays est féminin ou masculin, bien que des pays comme le Portugal fassent exception.

Pour vous souvenir si un pays est masculin ou féminin, sachez que le genre des pays en portugais est souvent le même qu'en français.

o Brasil	*le Brésil*
a Itália	*l'Italie*
os Estados Unidos	*les États-Unis*

Exercices

2.1 Faites l'exercice suivant à l'aide du tableau des nationalités page 12.
   a   Dites de quel pays vous êtes.
   b   Donnez votre nationalité.
   c   Demandez à monsieur Silva d'où il est.
   d   Dites qu'Ana est brésilienne.
   e   Demandez à M. et Mme Schneider d'où ils sont.
   f   Dites que Steve est d'Angleterre.
   g   Dites que les Nicolet sont suisses.

2.2 Les personnes suivantes parlent de leur nationalité et du pays d'où elles viennent. Complétez ce qu'elles disent.

a Maria

b O Sr. / a Sr.ª Schmidt

c Pierre

d Martin, Léo et Jade

e Marco Giovanni

f Martine et Lilie

2.3 En utilisant le verbe **ser** (*être*) à la forme qui convient, faites des phrases pour décrire les personnes ci-contre (**a, b, c, d, e, f**). Au Portugal, il convient d'utiliser les articles **o** (masculin) et **a** (féminin) devant les prénoms :

>**A Maria é de Portugal.**   *Maria est du Portugal.*
>**É portuguesa.**   *Elle est portugaise.*

Pour rendre la phrase plus emphatique on peut ajouter le mot **ela** (*elle*).

>**Ela é portuguesa.**

À vous de continuer. Vous pouvez si vous le souhaitez utiliser les pronoms *il* (**ele**), *ils* (**eles**) ou *elles* (**elas**).

Dialogue 3

Fala francês? *Parlez-vous français ?*

David vient de faire la connaissance de João, il essaie d'entamer une conversation avec lui.

David	Bom dia. Desculpe, fala francês?
João	Não, não falo. O senhor é francês?
David	Sim, sou. Falo um pouco de português. E o senhor, é português?
João	Não, não sou.
David	Mas fala bem português.
João	Sou brasileiro!

VOCABULAIRE

fala...?	*parlez-vous... ?*	**um pouco de**	*un petit peu de*
não	*non/ne... pas*	**mas**	*mais*
sim	*oui*	**bem**	*bien*
falo	*je parle*		

Grammaire

4) Dire « oui » et « non »

Pour former une phrase négative, il suffit de placer le mot **não** devant le verbe :

não sou *je ne suis pas*
não falo *je ne parle pas*

Vous remarquerez que les Portugais répètent souvent **não** dans leurs réponses et qu'ils répètent le verbe, là où les Français répondraient simplement par *non* : **não, não falo**, *non, je ne le parle* pas.

L'équivalent de *oui* est **sim**. La répétition du verbe se fait également souvent dans les réponses positives, avec ou sans le mot **sim**.

Fala português? *Falo.* ou *Falo, sim.*

Tout comme **não**, **sim** est un mot très nasalisé. **Não** ressemble à un *non* paresseux : « *nan* ». Contrairement à ce que son orthographe pourrait laisser penser, **sim** se prononce comme dans « *Simon* ». Référez-vous au **guide de prononciation** pour plus de précisions.

5) Les langues

Il n'y a pas de secret : comme en français, le nom d'une langue est celui de la nationalité du pays, au masculin. Le mot italiano veut donc dire *italien : la langue* ou *italien : la personne*.

Une Allemande dirait :

Sou alemã, falo alemão.   *Je suis allemande, je parle allemand.*

 ## La langue portugaise

Le portugais est une langue parlée dans plusieurs continents : du Portugal (y compris Madère et les Açores) il s'étend à l'Amérique du Sud et à plusieurs pays d'Afrique et d'Asie. Au cours de vos voyages vous aurez donc toutes les chances de rencontrer des lusophones. Le Brésil est un très grand pays où le portugais est la langue officielle et qui exporte énormément de séries télévisées   très populaires au Portugal. Les différences linguistiques qui existent entre les deux pays concernent la prononciation, le vocabulaire mais aussi la grammaire. Dans le Dialogue 3 João était brésilien.

 ## Exercices

2.4 En portugais, comment :
- **a**   Demander à quelqu'un s'il parle italien ?
- **b**   Dire que vous n'êtes pas canadien ?
- **c**   Dire que vous parlez portugais et français ?
- **d**   Demander à une personne si elle parle portugais ?
- **e**   Dire que vous n'êtes pas allemand, mais que vous parlez l'allemand ?

2.5 Vrai ou faux ? Pour chaque affirmation suivante, indiquer avec **V** (= **verdadeiro**) si c'est vrai, ou **F** (= **falso**) si c'est faux. Pour les besoins de cet exercice nous allons imaginer que les personnes ne parlent que leur langue maternelle… !
- **a**   A Sara é dos Estados Unidos. Fala alemão.
- **b**   O Marco fala italiano; é da Itália.
- **c**   Eu sou do Brasil, falo português.
- **d**   A senhora Gomes é da Bélgica. Fala francês.
- **e**   O senhor Mendes fala alemão. É português.

Document 1

a Dans le tableau ci-dessous, quelle est la langue la plus parlée ?
b Et quelles sont les deux langues les moins parlées ?

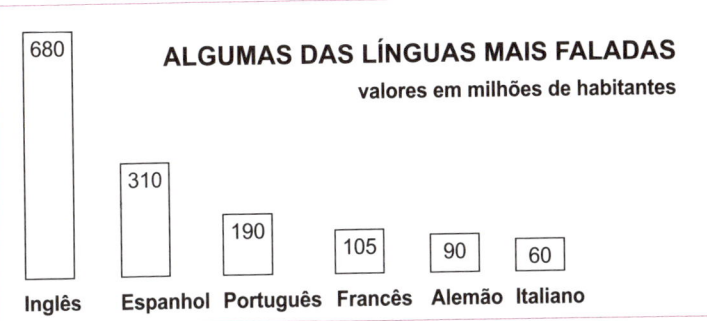

ALGUMAS DAS LÍNGUAS MAIS FALADAS
valores em milhões de habitantes

Inglês 680 — Espanhol 310 — Português 190 — Francês 105 — Alemão 90 — Italiano 60

2.6 Un enquêteur (*o entrevistador*) pose des questions sur les langues et les nationalités. Vous décidez de participer à l'enquête. Suivez les consignes en français pour compléter le dialogue. Vérifiez vos réponses à partir de l'enregistrement ou du **Corrigé des exercices**.

CD1 piste 3

Entrevistador	Boa tarde. Desculpe, fala português?
a Vous	*Dites que oui, vous parlez un petit peu.*
Entrevistador	É da Alemanha?
b Vous	*Dites que non, vous n'êtes pas allemand(e), puis donnez votre nationalité.*
Entrevistador	Então (*alors*), fala francês?
c Vous	*Dites que oui, vous parlez français, et aussi italien.*
Entrevistador	Fala bem português.
d Vous	*Remerciez-le, puis dites au revoir.*

Document 2

Quelles langues parle-t-on dans ce magasin ?

**AQUI FALA-SE
FRANCÊS, PORTUGUÊS, ALEMÃO**

Autoévaluation

Pouvez-vous à présent :

a Demander à Paulo d'où il est ?
b Dire de quel pays vous êtes ?
c Demander à M. Mendes s'il est brésilien ?
d Demander d'où viennent M. et Mme Oliveira ?
e Parler pour vous et votre ami(e), et donner votre nationalité ?
f Dire que Júlia est portugaise ?
g Demander si João est des États-Unis ?
h Demander à quelqu'un s'il ou elle parle français ?
i Dire que non, vous ne parlez pas allemand ?
j Dire que oui, vous êtes français(e) ?

# 03

Onde mora?
Où habitez-vous ?

Dans ce chapitre, vous apprendrez à :
- donner une adresse
- utiliser quelques prépositions
- reconnaître un groupe verbal
- parler de l'endroit où vous travaillez
- compter de 0 à 20

Avant de commencer

Peut-être un jour vous trouverez-vous dans une situation qui vous amènera à demander ou à donner des adresses : au cours d'une conversation courante, au moment de remplir des formulaires (à la banque, par exemple), ou pour rendre visite à quelqu'un. Le portugais possède comme le français deux verbes pour parler du lieu où l'on vit : **morar** (*habiter*), et **viver** (*vivre*). La nuance entre chacun est aussi subtile qu'en français, et aujourd'hui, l'un est souvent employé pour l'autre. Vous trouverez dans les dialogues de ce chapitre des exemples d'utilisation de chacun de ces verbes.

Dialogue 1

CD1 piste 4

Onde mora? *Où habitez-vous ?*

Ana parle avec M. Mendes de l'endroit où ils habitent. Lisez ou écoutez le dialogue ci-dessous.

Ana	Boa noite, senhor Mendes. Onde mora?
Sr. Mendes	Moro em Lisboa, na avenida da República.
	E a Ana, mora em Lisboa?
Ana	Não, moro aqui em Albufeira. Onde moram o senhor e a senhora Silva?
Sr. Mendes	Moram no Porto, na praça São Vicente. Onde mora o José?
Ana	O José? Agora vive no Brasil.

VOCABULAIRE

mora	*il/elle habite, vous* (singulier) *habitez*
moro	*j'habite*
em	*à, sur*
na	(**em + a**) *dans la*
(a) avenida	(*l'*)*avenue*
(a) avenida da República	(*l'*)*avenue de la République*
aqui	*ici*
moram	(*ils*) *habitent*
(a) praça	(*la*) *place*
agora	*maintenant*
vive	*il/elle habite, vous* (singulier) *habitez*
no	(**em + o**) *au*

 Grammaire

1) Les articles définis « le, la, les, l' »

Dans les Chapitres 1 et 2 vous avez appris qu'on utilise les mots **o** et **a** devant des prénoms et devant des noms de pays. Dans le dialogue précédent vous avez vu qu'on les utilise pour désigner l'endroit où l'on vit. Ce sont les articles définis qui correspondent à *le* (**o**)*, la* (**a**)*,* et *l'*(**o/a**).

a avenida *l'avenue*
a praça *la place*

La plupart des mots qui se terminent en **-o** sont masculins et sont précédés de l'article **o**, ceux qui se terminent en **-a** sont féminins et prennent l'article **a**. Il existe cependant des exceptions à cette règle et vous découvrirez, au fur et à mesure que vous avancerez, des mots qui ont une terminaison différente, ou bien qui sont masculins et se terminent néanmoins en **-a**. Les listes de vocabulaire, dans lesquelles les noms sont toujours précédés de **o** ou **a** ou (m) ou (f), vous aideront à déjouer ces pièges.

Pour former le pluriel *les*, il suffit souvent d'ajouter un **-s** aux articles singuliers.

as avenidas *les avenues*

2) Comment dire « à », « dans », « en », « sur »

L'équivalent de *à* et *en* est **em**, comme nous l'avons vu dans le dialogue : **moro em Lisboa**. Cependant, lorsque ce mot est suivi d'un des articles définis cités plus haut, les deux mots se contractent. Cela sert généralement à faciliter la prononciation. Voici les contractions en question :

- **em + o/a** = **no/na**
  = *au/à la ; dans le/la ; en ; sur le/la*

  em + a praça
  na praça = *sur la place*
  em + a Itália = *en Italie*
  na Itália
  em + o Brasil = *au Brésil*
  no Brasil

- **em + os/as** = **nos/nas**
  em + as avenidas
  nas avenidas = *sur les avenues*
  em + os Açores
  nos Açores = *aux Açores*

3) La formation des verbes

Jusqu'à maintenant vous avez utilisé certaines formes des verbes **ser/estar** (*être*) pour décrire les personnes. Dans le Chapitre 2 vous avez appris comment employer le verbe **falar** (*parler*) et vous venez de découvrir les verbes **morar** (*habiter*) et **viver** (*vivre*). De nombreux verbes sont du même groupe que le verbe **falar**, la terminaison verbale **-ar** étant la plus commune en portugais. Comparez dans le tableau suivant les verbes **falar**, **morar**, et **trabalhar** (*travailler*) que vous emploierez un peu plus loin dans ce chapitre :

falar	*parler*	**morar**	*habiter*
falo	*je parle*	**mor**o	*j'habite*
falas	*tu parles*	**mor**as	*tu habites*
fala	*il, elle parle ;*	**mor**a	*il, elle habite ;*
	vous parlez (singulier)		*vous habitez* (singulier)
falamos	*nous parlons*	**mor**amos	*nous habitons*
(**fal**ais	*vous parlez* (pluriel))	(**mor**ais	*vous habitez* (pluriel))
falam	*ils, elles parlent ;*	**mor**am	*ils, elles habitent ;*
	vous parlez (pluriel)		*vous habitez* (pluriel)
trabalhar	*travailler*		
trabalho	*je travaille*		
trabalhas	*tu travailles*		
trabalha	*il, elle travaille ;*		
	vous travaillez (singulier)		
trabalhamos	*nous travaillons*		
(**trabalh**ais	*vous travaillez (pluriel)*)		
trabalham	*ils, elles travaillent ;*		
	vous travaillez (singulier)		

Avez-vous remarqué que la lettre **a** de l'infinitif **-ar** se retrouve à toutes les personnes, à l'exception de la 1ère personne du singulier ?

N.B. : La conjugaison de la deuxième personne du pluriel est donnée à titre indicatif mais sachez qu'elle est rarement utilisée. Il est plus courant d'utiliser la troisième personne du pluriel (**vocês**) pour s'adresser à un groupe de personnes que vous tutoieriez individuellement et **os senhores**, **as senhoras** pour s'adresser à un groupe de personnes que vous vouvoieriez individuellement.

Exercices

3.1 En portugais, comment :
    a Demander à madame Gomes où elle habite ?

b Dire que vous vivez en France ?
c Dire que Maria habite sur la place de la République ?
d Demander où habitent M. et Mme Neto ?
e Demander à Renato s'il vit en Allemagne ?

3.2 Reliez les personnes de gauche avec la forme correcte du verbe **morar** et la forme correcte de **no/na** *au/à la, dans le/dans la, sur le /sur la* qui s'accordera avec l'endroit où elles habitent.

	Eu (*je*) —	moro	no	praça
		mora	na	
		moram	nos	
			nas	

a	A Lúcia (*elle*)	moramos	—	avenida…
b	Nós (*nous*)	mora	no	rua (*rue*)…
c	(*vous* (singulier))	moro	na	beco (*allée*)…
d	Eles (*ils*)	moram	—	praça…

Lecture

 CD1 piste 4

Lisez ou écoutez le passage suivant dans lequel João donne son adresse et décrit exactement l'endroit où il habite.

> Moro em Silves no Algarve, na rua Samora Barros, número seis, e o apartamento fica no terceiro andar, à esquerda.

Lisez ou écoutez à présent la description de l'endroit où Marília habite :

> Eu vivo em Portugal, em Lisboa. Vivo numa casa antiga na Praça de Camões, número quinze, segundo andar, à direita.

VOCABULAIRE

(o) número	(*le*) *numéro*
(o) apartamento	(*l'*)*appartement*
fica	*est/se trouve*
(o/a) terceiro/a	(*le/la*) *troisième*
(o) andar	(*l'*)*étage*
à esquerda	*à gauche*
numa	(**em + uma**) *dans une*
(a) casa	(*la*) *maison*
antigo/a	*vieux/vieille*
(o/a) segundo/a	(*le/la*) *deuxième*
à direita	*à droite*

 Grammaire

4) Os números *Les nombres* CD1 piste 4

Les nombres apparaissent en toutes circonstances : dans les adresses, pour donner l'heure, pour parler d'argent... Nous allons commencer par compter de 0 à 20. Lisez ou écoutez les nombres ci-dessous puis essayez de les prononcer tous les jours et entraînez-vous à les dire dans l'ordre décroissant. Vous pouvez même demander à quelqu'un de vous interroger.

VOCABULAIRE

0	zero	11	onze
1	um, uma	12	doze
2	dois, duas	13	treze
3	três	14	catorze
4	quatro	15	quinze
5	cinco	16	dezasseis
6	seis	17	dezassete
7	sete	18	dezoito
8	oito	19	dezanove
9	nove	20	vinte
10	dez		

Les nombres *un* et *deux* s'accordent en genre avec le nom qu'ils définissent. Par exemple, si vous parlez de *deux maisons,* vous direz **duas casas**.

5) 1er, 2ème, 3ème...

primeiro	1er	**quarto**	4ème
segundo	2ème	**quinto**	5ème
terceiro	3ème	**sexto**	6ème

Vous apprendrez le reste des ordinaux ultérieurement. S'il s'agit d'un nom féminin, le **-o** final se transforme en **-a** :

a terceira casa *la troisième maison*

Vous verrez ces mots de nouveau dans le Chapitre 7 pour parler des jours de la semaine, et dans le Chapitre 11 pour parler de directions.

6) Comment dire « un » ou « une »

Comme en français, l'article indéfini portugais *un, une* est également utilisé comme chiffre *un, une* : **uma casa** (*une maison*) ou **um apartamento** (*un* *appartement*). Pensez à toujours vérifier dans les listes de vocabulaire si un nom est féminin ou masculin. Si vous utilisez un dictionnaire, le mot sera généralement suivi de (m) ou (f). Lorsqu'il n'y a aucune indication de genre, c'est que le nom suit la règle générale de terminaison en -o/-a.

7) Comment dire « dans un » ou « sur un »

Dans le passage de Leitura Marília utilise l'expression vivo numa casa antiga (*j'habite dans une vieille maison*). Il s'agit d'un autre exemple de contraction, similaire à no/na que nous avons abordé au point 2 de ce chapitre. Ici, il s'agit de em + um/uma, qui devient num et numa. De nouveau, la contraction facilite la prononciation.

8) Les adjectifs

Les adjectifs, comme antigo (*vieux*), se placent généralement après le nom qu'ils définissent. Ils s'accordent en genre et en nombre avec le nom. On dira donc pour *un appartement moderne* um apartamento moderno, et pour *deux vieilles maisons* : duas casas antigas. Ou, pour *un vieil appartement*, um apartamento antigo, et pour *deux maisons modernes* : duas casas modernas. Vous apprendrez davantage d'adjectifs dans les chapitres suivants.

Exercice

3.3 Les personnes suivantes se sont perdues. Lisez les descriptions qu'elles donnent de l'endroit où elles habitent, puis retrouvez les plaques correspondantes :

a

Praça de S. Jorge
N.º 6

Moro num apartamento moderno numa praça. Fica no terceiro andar, à direita.

I

b

Rua do Ouro
N.º 11

Moro na Rua do Ouro, número dezasseis, segundo andar.

II

c

PRAÇA LISBOA 56
3.º DIR

> Moro na Praça de São Jorge numa casa moderna, número seis.

III

d

**Rua do Ouro
16, 2.º**

> Moro na Rua do Ouro número onze; é uma casa antiga.

IV

e

> Moro na Praça de São Jorge, número treze, quinto andar, à esquerda.

V

🌐 Les adresses

Vous avez peut-être remarqué sur les plaques ci-dessus les abréviations concernant les étages auxquels les gens habitent : **3.º**, **2.º**, etc., qui signifient *troisième*, *deuxième*, etc. Voici d'autres abréviations courantes : **R**. (**rua**), **r/c** (**rés-do-chão**, **rez-de-chaussée**), **Av**. (**avenida**), **Pr.** (**praça**, **place**), **esq**. (**esquerdo**), **dir**. (**direito**). Beaucoup de rues portent le nom de héros militaires, de personnages historiques célèbres ou d'événements historiques, comme **25 de Abril** (*le 25 avril* : date de la Révolution des Œillets qui a eu lieu en 1974), ou **Praça de Camões** (nom du poète national portugais).

Document

Regardez ces deux cartes de visite et trouvez lequel de ces établissements appartient à M. Mendes, dont le commerce se situe au rez-de-chaussée, dans une rue.

| Pastelaria Snack Bar **ANTIQUA**
 Aberto das 7:30 às 21:30h. Encerra ao Sábado.
 Rua Dr. Augusto E. Nunes, 40 r/c • 214579698 | Café-Restaurante **O AVENIDA**
 • Cozinha Regional
 • Petiscos
 • Com nova sala de refeições
 Aberto das 7 às 23h. Encerra aos Domingos.
 Av. São Sebastião, 25 • 213342872 |

Dialogue 2

CD1 piste 4

Onde trabalha? *Où travaillez-vous ?*

Paulo et Maria parlent de leur travail. Lisez ou écoutez le dialogue suivant puis devinez où Maria travaille et ce que fait Paulo.

Paulo	Maria, onde é que trabalha?
Maria	Trabalho em Faro, no aeroporto.
Paulo	E o que faz?
Maria	Sou controladora de tráfego aéreo. E o Paulo, onde trabalha?
Paulo	Sou bancário; trabalho num banco em Tavira.

Avez-vous deviné leurs métiers ? Maria travaille à l'aéroport de Faro comme contrôleur de la navigation aérienne, et Paulo est employé de banque.

VOCABULAIRE

onde trabalha?	*où travaillez-vous ?*
onde é que trabalha?	*où est-ce que vous travaillez ?*
trabalho	*je travaille*
o que faz?	*que faites-vous ?*

Grammaire

9) Onde (é que)...? *Où (est-ce que)... ?*

Vous entendrez souvent les Portugais poser leurs questions au moyen de **é que**, pour étoffer leur discours. C'est l'équivalent du *est-ce que* français, comme par exemple dans *où* est-ce que *vous habitez ?* Il est ainsi possible de dire **onde é que mora?** (**onde mora?**) ou encore **onde é que trabalha?** (**onde trabalha?**).

10) Les professions

Lorsqu'on vous demande **onde trabalha?** ou **o que faz?**, vous pouvez répondre de deux façons différentes, comme l'a fait Maria dans le dialogue. Vous avez le choix entre **trabalho em...** (*je travaille à...*) et **sou...** (*je suis...*). Au moment d'expliquer où vous travaillez, pensez à utiliser les contractions **num, numa, no** et **na**.

Vous pouvez donc dire :

Trabalho num banco.	*Je travaille dans une banque.*
Trabalho numa escola.	*Je travaille dans une école.*
Trabalho num escritório.	*Je travaille dans un bureau.*
Trabalho numa empresa.	*Je travaille dans une entreprise.*
Trabalho na universidade.	*Je travaille à l'université.*
Trabalho no banco Espírito Santo.	*Je travaille à la banque Espírito Santo.*

Ou :

Sou professor/professora.	*Je suis enseignant/enseignante.*
Sou estudante.	*Je suis étudiant/étudiante.*
Sou escritor/escritora.	*Je suis écrivain.*
Sou médico/médica.	*Je suis médecin.*
Sou enfermeiro/enfermeira.	*Je suis infirmier/infirmière.*
Sou advogado/advogada.	*Je suis avocat/avocate.*

Vous pourriez également être **dona de casa** (*femme au foyer*) ou **homem/ mulher de negócios** (*homme/femme d'affaires*), ou encore ne pas travailler : **não trabalho, estou reformado/a** (*je ne travaille pas, je suis à la retraite*), **estou desempregado/a** (*je suis au chômage*).

Exercices

3.4 À votre tour :
- **a** Demandez à monsieur Gomes où il travaille.
- **b** Dites que vous êtes étudiant.
- **c** Demandez à José ce qu'il fait dans la vie.
- **d** Dites où vous travaillez.
- **e** Dites que vous ne travaillez pas.

3.5 Complétez les opérations suivantes, en choisissant la somme qui convient dans la liste de droite.

- **a** Dois + três = ... treze
- **b** Vinte – oito = ... dezanove
- **c** Dezassete – quatro = ... dezoito
- **d** Nove + nove = ... cinco
- **e** Dez – oito = ... dois
- **f** Quinze + quatro = ... doze

3.6 Trouvez à quel endroit les personnes suivantes travaillent, puis remplissez la grille ci-dessous.
   a   Sou estudante.
   b   Sou bancário.
   c   Sou mulher de negócios.
   d   Sou controlador de tráfego aéreo.
   e   Sou secretária.
   f   Sou professora.

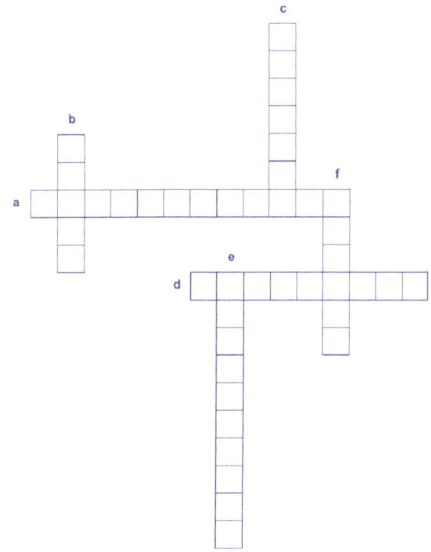

 Autoévaluation

Pouvez-vous à présent :

a   Compter jusqu'à 20, dans le sens croissant et décroissant, à voix haute ?
b   Demander à M. et Mme Pereira où ils habitent ?
c   Dire où vous habitez ?
d   Décrire l'endroit où vous habitez ?
e   Dire que vous habitez dans une maison moderne ?
f   Demander à quelqu'un où il/elle travaille ?
g   Demander à quelqu'un ce qu'il/elle fait ?
h   Dire quelle est votre profession ?
i   Dire où vous travaillez ?

04

A família
La famille

Dans ce chapitre, vous apprendrez à :
- décrire les personnes
- utiliser les possessifs
- décrire et comparer les membres de votre famille
- parler de l'âge

Avant de commencer

Avant d'apprendre un deuxième verbe *être* reprenez le Chapitre 2 et assurez-vous que vous savez dire *je suis* et *vous êtes*.

Dialogue 1

CD1 piste 5

A família *La famille*

Au cours d'une soirée, M. Moura présente et désigne les membres de sa famille à une amie.

Alexandra	Boa tarde, senhor Moura. Está cá sozinho?
Sr. Moura	Não, estou com a minha família. Este é o meu filho Roberto, e esta é a minha filha mais velha, Sónia.
Alexandra	Muito prazer. E a senhora Moura?
Sr. Moura	Pois, a minha mulher é aquela senhora ali.
Alexandra	E quem é aquele senhor ali?
Sr. Moura	É o nosso chefe!

VOCABULAIRE

cá	*ici*
sozinho/a	*seul(e)*
com	*avec*
a minha família	*ma famille*
este (m)	*celui-ci, ce*
o meu filho	*mon fils*
esta (f)	*celle-ci, cette*
a minha filha	*ma fille*
mais velho/a	*aîné(e)*
a minha mulher	*ma femme*
aquela (f)	*celle-là, cette*
ali	*là-bas*
quem?	*qui ?*
aquele (m)	*celui-là, ce*
o nosso chefe	*notre patron*

 ## La politesse

Il existe en portugais des équivalents à *la femme* et à *l'épouse*, respectivement : **a mulher** et **a esposa**. La valeur de chacun de ces mots est identique à celle du français, c'est-à-dire que **esposa** est considéré plus poli que **mulher**. Si vous êtes amené(e) à prendre des nouvelles de l'épouse de quelqu'un, dites : **como está a sua esposa?** Pour éviter tout impair, tendez l'oreille et prenez exemple sur ce qui est dit autour de vous lorsque vous ne savez pas quelle expression employer.

Grammaire

1. Este/aquele *Celui-ci, celui-là*

Vous avez sûrement remarqué les différents mots employés dans le dialogue pour désigner des personnes. **Este** (m)/**esta** (f) est employé pour des personnes ou des objets proches de vous, et **aquele** (m)/**aquela** (f) pour des personnes ou des objets éloignés. Au pluriel, il suffit d'ajouter un **-s**.

	este	esta	estes	estas
pronoms	*celui, celui-ci*	*celle, celle-ci*	*ceux, ceux-ci*	*celles, celles-ci*
adjectifs	*ce, cet*	*cette*	*ces*	*ces*
	aquele	aquela	aqueles	aquelas
pronoms	*celui, celui-là*	*celle, celle-là*	*ceux, ceux-là*	*celles, celles-là*
adjectifs	*ce, cet*	*cette*	*ces*	*ces*

N.B. : Il n'existe qu'un seul type de démonstratif en portugais alors que le français en possède deux (un pronom qui remplace le nom : *celle-ci est ma fille*, et un adjectif qui désigne le nom et se place devant : *cette personne est ma fille*).

Dans la traduction française de **este** (etc.) et **aquele** (etc.) on pourra attacher aux noms des mots tels que *-ci* et *-là*, pour indiquer le degré d'éloignement mais aussi pour désigner une personne plus poliment qu'en utilisant les pronoms (*celui-ci, celles-là,* etc.) :

aquelas senhoras *ces femmes(-là)*
estes senhores *ces messieurs(-ci)*

Este é o meu/esta é a minha, aquele é o meu/aquela é a minha se traduit souvent simplement par *voici mon/ma, voilà mon/ma* lorsqu'il s'agit de présenter une personne ou une chose.

Esta é a minha esposa. *Voici ma femme.*

2) O meu/o nosso *Mon/notre*

Les mots tels que *mon, notre* etc. s'accordent avec l'objet possédé en genre et en nombre. Ces mots sont des adjectifs, et, comme nous l'avons vu dans le Chapitre 2, tous les adjectifs s'accordent avec le mot qu'ils définissent. L'encadré ci-contre contient la liste de tous les possessifs :

Masculin		Féminin	
o meu	*mon/le mien*	**a minha**	*ma/la mienne*
o teu	*ton/le tien*	**a tua**	*ta/la tienne*
dele	*son/le sien*	**dela**	*sa/la sienne*
o seu	*votre/le vôtre*	**a sua**	*votre/la vôtre*
	son/le sien		*sa/la sienne*
	leur/le leur		*leur/la leur*
o nosso	*notre/le nôtre*	**a nossa**	*notre/la nôtre*
o vosso	*votre/le vôtre*	**a vossa**	*votre/la vôtre*

Pour former le pluriel de ces mots et parler de plusieurs personnes ou objets possédés, il suffit de leur ajouter un **-s** :

as nossas filhas   *nos filles*

Avez-vous remarqué la présence systématique des articles définis avec les possessifs ? Littéralement, *mon* se dit en portugais *le mon*... **Dele/dela** est un cas particulier, voir ci-dessous.

N.B. : Les possessifs se placent normalement avant la chose possédée :

a sua casa   *sa maison*

Dans le cas de **dele/dela**, cependant, le possessif vient après car la référence est faite au possesseur, et non à l'objet possédé :

a casa dele   *sa maison (*à lui*)*

Le pluriel de **dele/dela** se forme également en ajoutant un **-s** à la fin, mais seulement s'il y a plusieurs possesseurs :

a casa deles   *leur maison (*à eux*)*

Bien que **o seu/a sua** signifient *son/sa*, il est beaucoup plus courant de ne les utiliser que pour s'adresser à une personne que l'on vouvoie (*votre*), et d'utiliser **dele/dela** pour parler d'une tierce personne.

3) Mais ou menos *Plus ou moins*

Pour décrire une personne plus âgée, plus jeune, plus grande, plus petite, etc., il faut employer les mots **mais** (*plus*) et **menos** (*moins*) suivis de l'adjectif approprié. Vous obtenez ainsi :

mais velho	*plus vieux*	**o mais velho**	*le plus vieux*
mais novo	*plus jeune*	**o mais novo**	*le plus jeune*
mais alto	*plus grand*	**o mais alto**	*le plus grand*
menos alto	*moins grand*	**o mais baixo**	*le plus petit*
mais baixo	*plus petit*		

Bien sûr, il ne faut pas oublier d'accorder les adjectifs en conséquence. Une fille qui est *plus jeune* sera **mais nova**, et des garçons qui seront *les plus grands* seront **os mais altos**. Comme en français, ces mots qui permettent de comparer se placent après la personne ou l'objet qu'ils définissent :

sou mais alto *je suis plus grand*

Cependant lorsqu'on parle de la personne ou de l'objet *le/la plus/moins...* (**o/a mais/menos...**), contrairement au français on ne répète pas l'article directement après le nom :

o filho mais alto *le fils le plus grand*

Exercices

4.1 Complétez les phrases avec les mots de l'encadré en suivant les instructions entre parenthèses.

(o) filho	*(le) fils*	(o) irmão	*(le) frère*
(a) filha	*(la) fille*	(a) irmã	*(la) sœur*
(o) marido	*(le) mari*	(o) pai	*(le) père*
(a) mulher	*(la) femme*	(a) mãe	*(la) mère*

Le pluriel de **filho, filhos**, signifie également *enfants*.

   a Este é (*mon frère*) ... .
   b Aquela é (*notre mère*) ... .
   c Esta é (*votre fille*) ... .
   d Estes são (*nos enfants*) ... .
   e Aquele é (*ton père*) ... .

4.2 Comment traduiriez-vous les phrases suivantes ?
   a Ana est la fille la plus jeune.
   b Miguel est notre frère le plus grand.
   c Ce sont mes fils aînés.
   d António est plus petit.
   e Maria et Paula sont plus grandes.

Lecture

CD1 piste 5

Lisez ou écoutez la description que fait M. Moura de sa famille.

> Tenho uma família bastante pequena. A minha mulher chama-se Rosa e é professora. Trabalha numa escola secundária em Braga. Ela é muito simpática e elegante. Temos três filhos: a Sónia é a mais velha, a Catarina é a do meio, e o Roberto, é o mais novo. A Sónia trabalha num hospital, e os outros dois são estudantes. O Roberto é alto e desportivo, e a Catarina é muito calma.

VOCABULAIRE

tenho	j'ai
bastante	assez, plutôt
pequeno/a	petit(e)
(a) escola secundária	(le) collège
muito	très
simpático/a	sympathique
elegante	élégante
temos	nous avons
(o/a) mais velho/a	(l')aîné(e)
é do meio	c'est le cadet/la cadette
(o) outro	(l')autre
desportivo/a	sportif/ve
calmo/a	calme, posé(e)

 # Exercice

CD1 piste 5

4.3 À présent vous pouvez répondre aux questions suivantes sur la famille Moura. Vous pouvez vérifier vos réponses à partir de l'enregistrement ou du **Corrigé des exercices**.

a Como se chama a esposa do (*du*) senhor Moura?
b Onde é que ela trabalha?
c Quem é o filho mais novo?
d Como é a Catarina?
e O que faz a Sónia?
f O Roberto é baixo?

 # Grammaire

4) Ter *Avoir*

Il est important de bien connaître ce verbe car vous aurez l'occasion de l'employer de nouveau un peu plus loin dans l'ouvrage.

ter	*avoir*
tenho	*j'ai*
tens	*tu as*
tem	*il/elle a ; vous* (singulier) *avez*
temos	*nous avons*
(tendes	*vous avez)*
têm	*ils/elles ont ; vous* (pluriel) *avez*

5) Décrire les personnes

M. Moura a utilisé des adjectifs pour décrire les caractéristiques des membres de sa famille. Il a employé **simpático** (*sympathique*), **elegante** (*élégant*), **desportivo** (*sportif*) et **calmo** (*calme*). Il existe énormément d'adjectifs pour décrire les personnes, vous trouverez ci-dessous quelques suggestions. Pensez à accorder ces adjectifs au mot qu'ils qualifient, en remplaçant la terminaison **-o** (m) par **-a** (f), **-os** (mpl), ou **-as** (fpl) et vice-versa.

solitário/a	*solitaire*
nervoso/a	*nerveux/se*
sério/a	*sérieux/se*
trabalhador(a)	*travailleur/se*
preguiçoso/a	*paresseux/se*
barulhento/a	*bruyant(e)*
orgulhoso/a	*fier/fière*
charmoso/a,	
encantador(a)	*charmant(e)*
artístico/a	*artistique*
honesto/a	*honnête*

6) Ser ou estar : deux verbes « être »

Vous souvenez-vous des deux façons, abordées aux Chapitres 1 et 2, d'exprimer le verbe *être* en portugais ? L'une est l'utilisation du verbe **ser** (pour les caractéristiques d'ordre permanent) et l'autre celle du verbe **estar** (pour les états passagers). Dans le texte de **Lecture**, M. Moura a employé le verbe **ser** pour décrire les membres de sa famille, mais s'il avait voulu dire comment se trouvait l'un d'eux à ce moment-là, il aurait utilisé le verbe **estar**. Étudiez les deux exemples suivants pour bien comprendre la différence :

Ela é calma.	*Elle est calme.*
	(= c'est une personne calme, en permanence)
Ela está calma.	*Elle est calme.*
	(= en ce moment)

Il faut donc bien réfléchir avant d'employer ces verbes, mais vous aurez de nombreuses occasions de vous exercer au fur et à mesure que vous avancerez dans cet ouvrage.

Récapitulons maintenant les différentes formes verbales de **ser** et **estar** :

ser		estar	
sou	*je suis*	**estou**	*je suis*
és	*tu es*	**estás**	*tu es*
é	*il/elle est ; vous êtes* (singulier)	**está**	*il/elle est ; vous êtes* (singulier)
somos	*nous sommes*	**estamos**	*nous sommes*
(sois	*vous êtes)*	**(estais**	*vous êtes)*
são	*ils/elles sont ; vous êtes*	**estão**	*ils/elles sont ; vous êtes*

 Exercices

4.4 Comment traduiriez-vous les phrases suivantes en portugais ?
   a   Avez-vous (singulier) une fille ?
   b   Nous avons deux enfants.
   c   A-t-elle un frère ?
   d   J'ai une sœur.
   e   Avez-vous (pluriel) des enfants ?

4.5 Trouvez dans la grille de mots cachés ci-dessous les huit mots qui décrivent des caractéristiques individuelles. Les mots peuvent être dissimulés de gauche à droite, de droite à gauche, de haut en bas, de bas en haut et en diagonale.

P	R	E	G	U	I	Ç	O	S	O
A	T	C	L	I	A	T	I	T	V
T	S	A	O	S	S	E	N	A	I
R	E	L	I	E	P	E	E	V	T
I	N	M	N	Q	H	C	R	I	R
T	A	O	X	L	A	M	V	C	O
N	H	U	U	S	B	L	O	O	P
E	M	R	O	I	R	E	S	A	S
R	A	R	T	A	S	T	O	L	E
B	E	L	E	G	A	N	T	E	D

Document

Quel genre de personne ce magasin recherche-t-il ?

ADMISSÃO PARA FOTÓGRAFOS
Idade até 25 anos, não estudante, trabalhador, disponibilidade imediata.
Hoje telef.: 238 139 174

Dialogue 2

CD1 piste 5

Quantos anos tem? *Quel âge a-t-il ?*

On demande à M. Moura quel âge ont ses enfants.

Tânia	Senhor Moura, quantos anos tem o seu filho mais novo?
Sr. Moura	O mais novo, o Roberto, tem quinze anos.
Tânia	E as suas filhas?
Sr. Moura	Pois, a Catarina tem dezassete anos e a Sónia vinte.
Tânia	E o senhor? Quantos anos tem?
Sr. Moura	Eu? Ora bem, eu tenho...!

quantos anos tem?	*quel âge a-t-il/elle ?/quel âge avez-vous ?*
(o) ano	*(l')année*
ora bem	*eh bien*

On exprime l'âge en portugais de la même façon qu'en français : **tenho X anos** signifie *j'ai X ans*. Dites **Quando faz anos?** pour savoir la date d'anniversaire d'une personne, et **parabéns!** pour *bon anniversaire !* (littéralement *félicitations !*)

Exercice

4.6 Formez deux phrases à partir des mots suivants :

tem/filha/tem/Quantos/sua/?/onze/a/anos/Ela/anos

Autoévaluation

Pouvez-vous à présent :

a Dire : voici mon mari/ma femme.
b Dire : voilà mon frère/ma sœur.
c Dire : voici notre fils/fille.
d Dire : voilà ma sœur la plus jeune.
e Décrire votre mari/femme/professeur.
f Décrire votre propre caractère.
g Demander à quelqu'un quel âge il/elle a.
h Dire quel âge vous avez (vous ne pouvez avoir plus de 20 ans pour l'instant !)

05

Gostos pessoais
Les goûts personnels

Dans ce chapitre, vous apprendrez à :
- conjuguer un groupe verbal au présent
- dire ce que vous aimez/n'aimez pas
- décrire les lieux
- parler de préférences

05 Avant de commencer

Vous allez découvrir dans ce chapitre différentes façons de vous adresser aux gens. Souvenez-vous qu'entre amis et entre jeunes on emploie **tu**, et qu'avec les personnes plus âgées ou celles que l'on ne connaît pas il faut dire **o senhor/a senhora**, ou employer l'article **o/a** suivi du prénom de la personne. Le pronom sujet correspondant à *tu* ou *vous* est de toute façon souvent omis et le verbe est souvent employé tout seul. Lorsque vous vous adressez à plusieurs personnes, vous avez le choix entre le pluriel **os senhores/as senhoras**, ou bien tout simplement la forme plurielle du verbe en question. Le premier dialogue illustre cette situation.

Dialogue

CD1 piste 6

Gosta da comida portuguesa? *Aimez-vous la nourriture portugaise ?*

Fátima essaie de savoir si la famille Mathieu aime la nourriture portugaise.

Fátima	Então, os senhores gostam da comida portuguesa?
Sr. Mathieu	Gostamos muito. A comida é saudável e muito deliciosa.
Fátima	Óptimo! A senhora Mathieu gosta de sardinhas?
Sr.ª Mathieu	Gosto, mas não muito. Têm muito sal. Gosto mais de frango.
Sr. Mathieu	Eu também gosto de frango. A nossa filha gosta muito de arroz de marisco.
Fátima	Não gostam do caldo verde? É tipicamente português.
Sr.ª Mathieu	Gostamos um pouco. E a Fátima, gosta da comida portuguesa?
Fátima	Claro, sou portuguesa, e os portugueses gostam imenso de comer!

VOCABULAIRE

os senhores gostam...?	*aimez-vous* (pluriel)... ?
(a) comida portuguesa	*(la) nourriture portugaise*
gostamos	*(oui,) nous aimons*
muito	*beaucoup*
saudável	*sain(e)*
delicioso/a	*délicieux/se*
gosta...?	*aimez-vous/aime-t-il/elle... ?*
(a) sardinha	*(la) sardine*
gosto	*(oui,) j'aime*
mas	*mais*
têm	*ils/elles ont*
(o) sal	*(le) sel*
gosto mais de	*je préfère* (littéralement *j'aime davantage*)

VOCABULAIRE

(o) frango	(le) poulet
também	aussi
(o) arroz de marisco	(le) riz aux fruits de mer
não gostam... ?	vous n'aimez pas... ?
(o) caldo verde	(la) soupe au chou
tipicamente	typiquement
um pouco	un peu
claro	bien sûr
gostam	ils/elles aiment
imenso	énormément, beaucoup
comer	manger

Grammaire

1) Les verbes en -ar

Le verbe **gostar**, comme certains des verbes que vous avez vus aux Chapitres 2 et 3 (**morar, trabalhar, falar**), est un verbe régulier, c'est-à-dire qu'il se conforme aux terminaisons verbales qui caractérisent ce groupe de verbes. Il appartient au groupe verbal portugais le plus important : celui des verbes qui se terminent en **-ar**. Mises à part quelques exceptions, tous ces verbes sont formés de la même façon :

- Retirez la terminaison **-ar** pour obtenir ce qu'on appelle le radical.
  gostar – **ar** = **gost** (le radical)
- Ajoutez ensuite au radical la terminaison appropriée en fonction du sujet.
- Pour les verbes en **-ar**, les terminaisons du présent de l'indicatif sont les suivantes :

radical +		
	-o	je
	-as	tu
	-a	il, elle, vous (singulier)
	-amos	nous
	(-ais	vous (pluriel))
	-am	ils, elles, vous (pluriel)

Quelques exemples :

fal**o**	je parle	gost**amos**	nous aimons
mor**as**	tu habites	trabalh**ais**	vous travaillez (pluriel)
trabalh**a**	il, elle travaille ; vous travaillez (singulier)	mor**am**	ils, elles habitent ; vous habitez (pluriel)

Lorsque le sens est ambigu et qu'il semble difficile de savoir qui fait l'action, vous avez toujours la possibilité d'utiliser les pronoms **ele** (*il*), **ela** (*elle*) ou **eles** (*ils*), **elas** (*elles*).

2) Gostar (de) *Aimer*

Le verbe **gostar** est toujours suivi de la préposition **de**, sauf dans les réponses courtes du type « *j'aime/je n'aime pas* ».

Gosta de frango?	*Aimez-vous le poulet ?*
Sim, gosto.	*Oui, j'aime.*
Gosto de frango.	*J'aime le poulet.*

Le mot **de** se contracte avec les mots **o/a/os/as** pour former **do, da, dos, das**.

Gosto do frango.	*J'aime le poulet.*
Gostamos das sardinhas.	*Nous aimons les sardines.*
Ela não gosta da comida.	*Elle n'aime pas la nourriture.*

N.B. : La contraction **do/da** ne se fait que lorsque l'on parle d'un aliment déterminé :

Gosto do frango. *J'aime le poulet.* (= que j'ai dans mon assiette, que l'on sert dans ce restaurant...)

Lorsqu'il s'agit d'une généralité, on ne fait pas la contraction :

Gosto de frango. *J'aime le poulet.* (= la viande de poulet)

3) Beaucoup, un peu

Si vous voulez expliquer à quel point vous aimez ou n'aimez pas une chose, employez les mots **muito** (*beaucoup*), **um pouco** (*un peu*), **não muito** (*pas beaucoup*), et **imenso** (*énormément*). Ce dernier est particulièrement employé par les Portugais.

Exercices

5.1 Comment traduiriez-vous les phrases suivantes en portugais ?
- **a** Aimez-vous le poulet, Monsieur et Madame Brito ?
- **b** Tu n'aimes pas la soupe au chou ?
- **c** Non, je n'aime pas ça.
- **d** Nous aimons beaucoup les sardines.
- **e** Paula aime un peu le riz aux fruits de mer.
- **f** Ils aiment énormément la nourriture portugaise.

5.2 Complétez les verbes des phrases ci-dessous avec la terminaison correcte parmi les suivantes : **-o/-as/-a/-amos/-am**.
  a A Maria trabalh... num hospital.
  b Eu não gost... do frango.
  c Nós mor... em Lisboa.
  d Tu não gost... do caldo verde?
  e O senhor e a senhora Trindade fal... francês.

5.3 Deux familles sont dans un restaurant. Reliez les questions de gauche avec les réponses de droite qui semblent les plus plausibles. Souvenez-vous que certaines formes verbales peuvent se référer à différentes personnes.
  a Tu gostas do arroz de marisco?   **i** Gostamos um pouco.
  b Os senhores gostam da comida?   **ii** O Miguel gosta muito.
  c A Paula não gosta do frango?   **iii** Sim, gosto muito.
  d Quem (*qui*) gosta das sardinhas?   **iv** Não, não gosta.
  e O seu filho não gosta do caldo verde? **v** Não, ela não gosta muito.

Document 1

Dans ce restaurant quel plat choisiriez-vous ?

Lecture

CD1 piste 6

Lisez ou écoutez le texte ci-dessous. Nuno parle des pays préférés de sa famille. Essayez de comprendre les raisons de leur choix.

Bom, gostamos todos da Suíça, porque é um país muito limpo, mas é um pouco caro para nós. Pessoalmente, prefiro a Austrália, porque tem um clima agradável. A minha mulher prefere a Espanha, porque ela gosta imenso da comida espanhola. Não gostamos muito do Japão porque é muito movimentado. Preferimos um lugar mais calmo, como a Holanda. Os nossos filhos preferem o barulho. Eles gostam imenso dos Estados Unidos.

VOCABULAIRE

(a) Suíça	*(la) Suisse*
porque	*parce que*
(o) país	*(le) pays*
limpo/a	*propre*
caro/a	*cher/chère*
para nós	*pour nous*
pessoalmente	*personnellement*
prefiro	*je préfère*
(o) clima	*(le) climat*
agradável	*agréable*
prefere	*il/elle préfère/vous préférez*
(a) Espanha	*(l')Espagne*
(a) comida espanhola	*(la) nourriture espagnole*
(o) Japão	*(le) Japon*
movimentado/a	*animé(e) ; où il y a beaucoup de monde*
preferimos	*nous préférons*
(o) lugar	*(l')endroit*
(a) Holanda	*(les) Pays-Bas*
preferem	*ils/elles préfèrent/vous préférez*
(o) barulho	*(le) bruit*
(os) Estados Unidos	*(les) États-Unis*

Exercices

5.4 Sans regarder le texte de **Lecture**, essayez de répondre aux questions suivantes. Les réponses sont sur l'enregistrement et dans le **Corrigé des exercices**.

CD1 piste 6

a A família do Nuno gosta da Suíça?
b Porquê?
c Porque é que o Nuno prefere a Austrália?
d Eles gostam do Japão?
e Quem prefere a Espanha?
f Porque é que os filhos preferem os Estados Unidos?

Grammaire

4) Décrire les lieux

Dans le Chapitre 4 vous avez appris des adjectifs pour décrire les personnes, et vous avez découvert dans le texte de lecture de ce chapitre des adjectifs pour décrire des lieux (villes, pays) : **limpo**, **caro** et **movimentado**.

En voici d'autres :

VOCABULAIRE

sujo/a	sale
aborrecido/a	ennuyeux/se
desagradável	désagréable
moderno/a	moderne
antigo/a	ancien(ne)
velho/a	vieux/vieille
barato/a	bon marché, abordable
bonito/a	joli(e)
histórico/a	historique
interessante	intéressant
cultural	culturel(le)

5) (O) que prefere? *Qu'est-ce que vous préférez ?*

Lorsque vous demandez aux gens ce qu'ils préfèrent lorsqu'ils doivent faire un choix, vous pouvez leur demander **(o) que prefere?** :

O que prefere, frango ou sardinhas? *Que préférez-vous, poulet ou sardines ?*

Vous pouvez également dire **qual prefere?** *(Lequel préférez-vous ?)* :

Qual prefere, o Japão ou a Holanda? *Lequel (des deux) préférez-vous, le Japon ou les Pays-Bas ?*

Pensez à mettre le verbe au pluriel si vous vous adressez à plusieurs personnes.

Document 2

Quel type de vacances cette publicité vous invite-t-elle à prendre cette année ?

Exercices

5.5 En utilisant ce que vous venez d'apprendre, essayez de :
  a Dire que vous préférez la France parce que c'est un pays historique.
  b Demander à M. Antunes ce qu'il préfère : la Suisse ou l'Espagne.
  c Dire que Sónia préfère l'Italie parce que c'est intéressant.
  d Demander à M. et Mme Oliveira ce qu'ils préfèrent : les États-Unis ou le Japon.
  e Dire que nous préférons les Pays-Bas parce que c'est joli.

5.6 Complétez la grille avec les adjectifs que vous avez appris dans ce chapitre. Le premier mot y figure déjà.

 Autoévaluation

Pouvez-vous à présent :

a Demander à une personne (singulier – forme de politesse) si elle aime le poulet ?
b Dire que vous aimez un peu les sardines ?
c Dire que Miguel aime énormément la nourriture portugaise ?
d Demander à M. Mathieu s'il n'aime pas la soupe au chou du restaurant ?
e Dire que vous préférez le Portugal parce que c'est intéressant ?
f Demander à M. et Mme Oliveira ce qu'ils préfèrent entre l'Italie et le Japon ?
g Dire que nous préférons la nourriture espagnole ?

06

Em casa
À la maison

Dans ce chapitre, vous apprendrez à :
- dire « il y a »
- décrire votre maison
- dire où se trouvent les objets

06 Em casa

Vous souvenez-vous comment *dans* et *sur*, et *dans un* et *sur un* se disent en portugais ? Si vous avez oublié, reprenez le Chapitre 3 pour vous assurer de bien maîtriser ces expressions avant d'en apprendre de nouvelles.

Avant de commencer

Comme en français le mot **casa** (*maison*) englobe à la fois la maison telle qu'on l'imagine mais aussi l'appartement : il a le sens de *foyer*. Les gens parlent de leur **casa** même s'ils vivent en réalité dans un appartement. Celui-ci peut être ultramoderne ou bien au contraire très traditionnel dans un vieil immeuble. Dans les petites villes et dans la campagne, en revanche, on trouve davantage de maisons. **Em casa** signifie *à la maison*, **vou à casa** signifie *je vais chez moi* et **vou para casa** *je rentre chez moi*.

Lecture 1

CD1 piste 7

Lisez ou écoutez Roberto parler de l'endroit où il habite, et essayez de comprendre ce qu'il dit avant de lire le vocabulaire nouveau.

> Moro em Lisboa, num apartamento moderno. Fica no quinto andar dum prédio muito alto. O apartamento não é muito grande. Tem dois quartos, uma sala, uma cozinha e uma casa-de-banho. Gosto muito do apartamento porque é fácil de limpar. O prédio tem elevador mas, de vez em quando, não funciona. Essa é a única coisa de que não gosto!

VOCABULAIRE

(o) prédio	(l')immeuble
grande	grand(e)
tem	il/elle a
(o) quarto	(la) chambre
(a) sala	(le) salon
(a) cozinha	(la) cuisine
(a) casa-de-banho	(la) salle de bain
é fácil de limpar	c'est facile à nettoyer
(o) elevador	(l')ascenseur
de vez em quando	de temps en temps
não funciona	il ne fonctionne pas
a única coisa	la seule chose
que	que, qui

Avez-vous réussi à deviner quelques termes ? Beaucoup de mots portugais ressemblent aux mots français, et il est souvent facile d'en deviner la traduction. Par exemple, **sala** ressemble à *salle* et à *salon*, **cozinha** à *cuisine*, **banho** à *bain*.

Dialogue

CD1 piste 7

A minha casa *Ma maison*

Lisez ou écoutez maintenant la description que fait Ana Maria à son amie de sa maison dans le petit village d'Elvas.

Ana Maria	Gosto imenso da minha casa.
Júlia	Como é a casa?
Ana Maria	Bem, é bastante grande, e tem dois andares. Fica no Bairro da Boa Vista, e é típica da região.
Júlia	Quantas assoalhadas tem?
Mana Maria	No andar de baixo há uma sala de estar, e uma de jantar, e também uma cozinha grande.
Júlia	E no andar de cima?
Ana Maria	No andar de cima há dois quartos pequenos e um quarto grande com terraço e uma casa-de-banho bonita.

VOCABULAIRE

como é a casa?	*comment est la maison ?*
(o) Bairro da Boa Vista	*(le) quartier de Boa Vista*
típico/a da região	*typique de la région*
quantas assoalhadas tem?	*combien de pièces a-t-elle ?*
(o) andar de baixo	*(le) rez-de-chaussée ; en bas*
há	*il y a*
(a) sala de estar	*(le) salon*
(a) sala de jantar	*(la) salle à manger*
(o) andar de cima	*(le) premier étage ; en haut*
com terraço	*avec balcon*

✏️ Exercice

6.1 Observez les deux plans de maison ci-dessous. L'un est l'appartement de Roberto, et l'autre est le rez-de-chaussée de la maison d'Ana Maria. Lequel est celui de Roberto et lequel est celui d'Ana Maria ?

 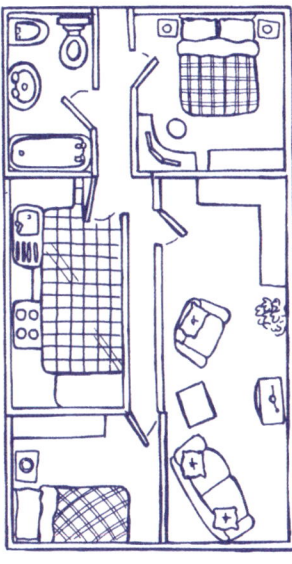

📚 Grammaire

1) Há *Il y a*

Voici un petit mot passe-partout très pratique puisqu'on peut l'utiliser pour parler d'objets aussi bien singuliers que pluriels :

> **Há uma sala.** *Il y a un salon.*
> **Há dois quartos.** *Il y a deux chambres.*

On peut l'utiliser pour poser une question : *y a-t-il ?*

> **Há uma cozinha?** *Y a-t-il une cuisine ?*

Et on peut également le rendre négatif (*il n'y a pas*) en plaçant le mot **não** devant :

> **Não há uma casa-de-banho.** *Il n'y a pas de salle de bain.*

N.B. : Vous remarquerez que contrairement au français qui utilise le mot *de* après *il n'y a pas*, en portugais c'est l'article indéfini **um/uma** (*un/une*) que l'on peut mettre après **não há** si le nom est dénombrable.

Não há (um) elevador.   *Il n'y a pas d'ascenseur.*

L'ascenceur

Pour prendre l'ascenseur au Portugal vous devez savoir interpréter les symboles et dire à quel étage vous souhaitez descendre. Le rez-de-chaussée s'appelle **o rés-do-chão**, c'est la traduction presque mot pour mot de l'expression française, **o chão** voulant dire *le sol*. Il est indiqué par l'abréviation **r/c**. Les autres étages sont simplement numérotés 1.°, 2.°, 3.°, etc. ° correspond à la dernière lettre du numéro en question : primeiro, segundo, etc. Les immeubles portugais comportent souvent des appartements en sous-sol que l'on appelle **a cave**, on les désigne par le symbole **c/v**.

Exercices

6.2 Observez le plan ci-dessous, puis complétez le texte afin de décrire la maison.

A casa da família Ferreira é antiga e ... da região. A casa tem ... quartos. Há dois ... e um ... com ... . No andar de cima também ... uma ... ... No ... ... há uma ..., uma sala ... estar e uma ... ...

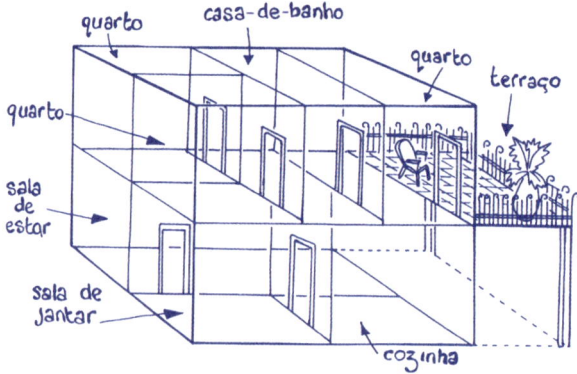

6.3 Maintenant, parlez de votre propre maison. Commencez par **... a minha casa...**, puis choisissez des mots parmi ceux qui se trouvent dans les encadrés pour vous aider à faire la description. Si vous avez besoin d'aide, consultez le **Corrigé des exercices** dans lequel vous trouverez une réponse type.

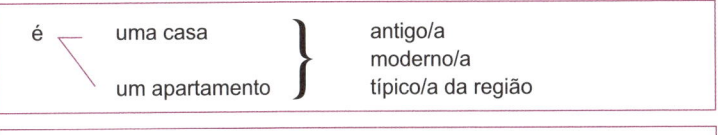

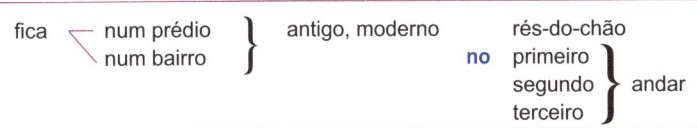

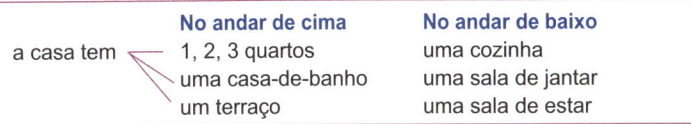

Gosto/Não gosto da minha casa.

Lecture 2

CD1 piste 7

Lisez ou écoutez attentivement la visite guidée que Paula nous fait de sa maison, de la description des pièces à celle des meubles.

Primeiro, estamos na sala, onde há um sofá em frente da lareira, e ao lado do sofá, duas poltronas. Há um vaso de flores em cima da estante. Na cozinha há um fogão entre o frigorífico e a máquina de lavar. O meu gato está debaixo da mesa. No meu quarto há um quadro bonito na parede, e detrás da porta há um armário. Na casa-de-banho há um chuveiro.

VOCABULAIRE

primeiro	*tout d'abord ; premier*
onde	*où*
(o) sofá	*(le) canapé*
em frente de	*en face de*
(a) lareira	*(la) cheminée*
ao lado de	*à côté de*
(a) poltrona	*(le) fauteuil*
(o) vaso de flores	*(le) vase de fleurs*
em cima de	*sur*
(a) estante	*(la) bibliothèque*

Em casa

VOCABULAIRE

(o) fogão	(la) gazinière
entre	entre
(o) frigorífico	(le) réfrigérateur
(a) máquina de lavar	(la) machine à laver
(o) gato	(le) chat
debaixo de	sous
(a) mesa	(la) table
(o) quadro	(le) tableau
na (em + a)	sur la
(a) parede	(le) mur
detrás de	derrière
(a) porta	(la) porte
(o) armário	(l')armoire ; (le) placard
(o) chuveiro	(la) douche

Exercice

CD1 piste 7

6.4 Pouvez-vous répondre aux questions sur le texte de lecture ? Vous trouverez les réponses sur l'enregistrement ou dans le **Corrigé des exercices**.

a Onde está o sofá?
b O que há (*qu'y a-t-il*) em cima da estante?
c Onde está o gato?
d Há uma mesa na cozinha?
e O que há no quarto da Paula?
f Há uma poltrona na casa-de-banho?

Grammaire

2) Comment dire « dans », « sur » et « sous »

De nombreuses prépositions portugaises se composent de plusieurs mots et se terminent souvent avec le mot **de**. Avez-vous remarqué dans le passage ci-dessus comme le mot **de** se contracte avec **o/a** ou **um/uma** ? Ces formes contractées n'auront bientôt plus aucun secret pour vous car elles sont très communes en portugais. Par exemple :

detrás da poltrona (= de + a)   *derrière le fauteuil*
debaixo duma mesa (= de + uma)   *sous une table*

Vous découvrirez davantage de formes contractées au fur et à mesure que vous avancerez dans cette méthode.

N'oubliez pas que pour donner l'emplacement d'objets qui peuvent être déplacés, c'est le verbe **estar** qu'il faut utiliser : **está** (*est*) et **estão** (*sont*).

Exercices

6.5 Regardez le schéma de la **sala de estar** de Jorge, puis répondez vrai (**verdadeiro**) ou faux (**falso**) aux affirmations suivantes :

Na sala de estar :

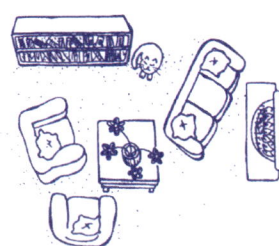

a Há três poltronas.
b O gato está detrás da estante.
c Há um vaso de flores debaixo da mesa.
d Há um sofá em frente da lareira.
e A estante está entre as poltronas.
f Há uma poltrona ao lado da mesa.

6.6 Comment traduiriez-vous les phrases suivantes en portugais ?
a Le chat est sur le réfrigérateur.
b Il y a une armoire à côté de la bibliothèque.
c Y a-t-il un canapé derrière la table ?
d La douche n'est pas dans la cuisine.
e La gazinière est à côté de la machine à laver.
f Le chat est-il devant le fauteuil ?

Document

a Combien y a-t-il de chambres ?
b Y a-t-il une cheminée dans le salon ?

CASA DE CAMPO
RIBATEJO

Linda moradia, sala c/ lareira, 3 quartos, 2 wc, c/ quintal e garagem. Sossego e ar puro.

Tel. 24 793 54 40/88 −Sr. Ferrerira

Autoévaluation

Pouvez-vous à présent :

a Dire quel type de logement vous avez ?
b Décrire les pièces de votre maison ?
c Demander aux gens comment est leur maison ?
d Dire que vous avez une grande/petite cuisine/salle de bain ?
e Dire qu'il y a 2/3/4/5 chambres ?
f Dire qu'il n'y a pas de salon/salle à manger ?
g Dire où est le canapé ?
h Décrire où est le réfrigérateur ?
i Demander à quelqu'un ce qu'il y a dans la chambre ?

07

A vida diária
La vie quotidienne

Dans ce chapitre, vous apprendrez à :
- conjuguer deux verbes irréguliers
- compter de 21 à 100
- dire l'heure
- parler d'activités quotidiennes
- nommer les jours de la semaine
- conjuguer deux autres groupes verbaux

Avant de commencer

Dans ce chapitre vous apprendrez à compter de 21 à 100. Vous avez appris les chiffres de 0 à 20 dans le Chapitre 3, peut-être devriez-vous les reprendre avant d'aller plus loin.

A. Lisez ou écoutez les chiffres suivants puis donnez l'équivalent français de chacun. Vous pouvez vérifier vos réponses à partir de l'enregistrement et dans le **Corrigé des exercices**.

quinze	seis	dezanove	três	dezassete
quatro	dezasseis	cinco	catorze	sete

B. À l'inverse, comment dit-on les chiffres suivants en portugais ? Vous pouvez vérifier vos réponses à partir de l'enregistrement ou du **Corrigé des exercices**.

12   6   18   2   15   10

Si vous avez réussi ces petits tests et que vous connaissez bien les nombres, continuez ; sinon, exercez-vous à les prononcer tous les jours jusqu'à bien les savoir et vous serez alors prêt(e) pour la série suivante.

Lecture

Lisez ou écoutez Rosa décrire sa vie quotidienne en essayant de comprendre quelles sont ses activités.

> Levanto-me às sete horas da manhã. Tomo banho e visto-me. Às sete e meia tomo o pequeno-almoço, e saio para apanhar o autocarro às oito horas. Chego ao escritório às oito e vinte, e começo o trabalho às oito e meia. Ao meio-dia almoço. Saio do trabalho às cinco e um quarto e chego a casa às seis horas da tarde. Janto por volta das sete, e às quartas-feiras à noite vou a uma aula de francês. Deito-me às dez menos um quarto.

Les activités en question sont :

levanto-me	je me lève
tomo banho	je prends un bain/une douche
visto-me	je m'habille
tomo o pequeno-almoço	je prends mon petit-déjeuner
saio para apanhar o autocarro	je pars prendre le bus
chego ao escritório	j'arrive au bureau
começo o trabalho	je commence à travailler
almoço	je déjeune
janto	je dîne
vou a uma aula de francês	je vais à un cours de français
deito-me	je me couche

Lisez ou écoutez de nouveau le passage, en essayant cette fois de comprendre les heures auxquelles Rosa fait ses activités.

Les heures mentionnées sont :

às sete horas da manhã	à sept heures du matin
às sete e meia	à sept heures et demie
às oito horas	à huit heures
às oito e vinte	à huit heures vingt
às oito e meia	à huit heures et demie
ao meio-dia	à midi
às cinco e um quarto	à cinq heures et quart
às seis horas da tarde	à six heures du soir
por volta das sete	vers sept heures
às quartas-feiras à noite	les mercredis soirs
às dez menos um quarto	à dix heures moins le quart

 ## Grammaire

1) Deux verbes irréguliers

À l'exception de **visto-me**, **saio** et **vou**, tous les verbes qui correspondent aux activités de Rosa se conjuguent comme des verbes réguliers en **-ar**, dont vous avez appris la formation dans le Chapitre 5. *Elle arrive* sera donc **chega**, *nous commençons* sera **começamos**, et *ils dînent* sera **jantam**. Si vous avez oublié ces terminaisons verbales reprenez le Chapitre 5 pour vous les remémorer. Nous parlerons de **visto-me** un peu plus tard, mais les deux autres verbes appartiennent à des groupes verbaux dont les terminaisons sont souvent bien différentes.

	sair	sortir		ir	aller
eu	saio	je sors	eu	vou	je vais
tu	sais	tu sors	tu	vais	tu vas
ele/ela o Sr./a Sr.ª / você	sai	il/elle sort, vous sortez	ele/ela o Sr./a Sr.ª / você	vai	il/elle va, vous allez
nós (vós	saímos saís	nous sortons vous sortez)	nós (vós	vamos ides	nous allons vous allez)
eles/elas os Sr.es/as Sr.as / vocês	saem	ils/elles sortent, vous sortez	eles/elas os Sr.es/as Sr.as/ vocês	vão	ils/elles vont, vous allez

2) Visto-me *Je m'habille*

Vous aurez remarqué que certains des verbes qui décrivent les activités de Rosa sont accompagnés du suffixe **-me**. Nous avons déjà vu cela dans le Chapitre 1 avec **chamo-me** (*je m'appelle*). Ce **-me** correspond au pronom réfléchi français *me/m'* : *je me lève, je m'appelle, je m'habille*, etc. Ces verbes sont des verbes pronominaux, et les pronoms réfléchis se rapportent au sujet. Lorsque vous parlez de tierces personnes, il faut utiliser comme en français les pronoms correspondants. Dans le tableau ci-dessous le verbe *se lever* est donné à toutes les formes :

(eu)	levanto-me	je me lève
(tu)	levantas-te	tu te lèves
(ele/ela/o Sr./a Sr.ª/você)	levanta-se	il/elle se lève, vous vous levez
(nós)	levantamo-nos	nous nous levons
((vós)	levantais-vos	vous vous levez)
(eles/elas/os Sr.es/as Sr.as/vocês)	levantam-se	ils/elles se lèvent, vous vous levez

Attention à la forme correspondant à « nós » car elle perd le **-s** final de sa terminaison verbale.

3) As horas *L'heure*

• Pour demander l'heure en portugais on emploie l'expression suivante :

A que horas... ?   *À quelle heure... ?*

Pour donner l'heure juste, dites :

às +	**le chiffre** +	**(horas)** +	**da manhã** **da tarde** **da noite**

às sete	**(horas)**	**da manhã**	= *à 7 heures*
às nove	**(horas)**	**da noite**	= *à 21 heures*
às vinte	**(horas)**		= *à 20 heures*

Le mot **horas** peut être omis après le chiffre.

● Entre l'heure pile et l'heure et demie, on procède comme suit :

às +	**l'heure** +	**e** *(et)*	**um quarto** *(un quart)* **meia** *(demie)* **... minutos** *(minutes)*

às cinco e vinte	*à 5h20*
às três e um quarto	*à 3h15*
às oito e meia	*à 8h30*
às catorze e quinze	*à 14h15*

Vous pouvez également spécifier ici si vous parlez du matin (**da manhã**), de l'après-midi (**da tarde**) ou du soir (**da noite**).

● Pour donner l'heure après la demie, on procède de la manière suivante :

às +	**l'heure à venir** +	**menos** *(moins)* +	minutes manquantes/*um quarto*

às dez menos vinte	*à 9h40*

● Cas particuliers :

ao meio-dia	*à midi*
à meia-noite	*à minuit*
à uma hora	*à une heure*

4. Os números de 21 a 100 *Les nombres de 21 à 100*

CD1 piste 8

Pour pouvoir parler de l'heure vous avez besoin de connaître les nombres jusqu'à 60 au moins. Cette nouvelle série vous permettra de compter jusqu'à 100.

VOCABULAIRE

21	vinte e um/uma	50	cinquenta
22	vinte e dois/duas	60	sessenta
23	vinte e três	70	setenta
24	vinte e quatro	80	oitenta
25	vinte e cinco	90	noventa
30	trinta	100	cem
40	quarenta		

Avez-vous compris comment former les nombres composés ? Utilisez le mot **e** (*et*) pour relier les éléments entre eux. Lorsque les chiffres *un* ou *deux* apparaissent dans un nombre, pensez à choisir la forme masculine ou féminine. Il existe deux formes pour 100 : **cem** est utilisé lorsque c'est un chiffre rond (100), et **cento** pour toute combinaison de nombres supérieure à cent (101, 125, etc.).

Exercices

7.1 Lisez dans l'agenda de Maurício ce qu'il fait le mercredi (**quarta-feira**), puis complétez les phrases qui parlent de ses activités.

quarta-feira			
7h15	levanto-me	17h20	saio do trabalho
8h30	saio	18h45	janto
9h00	começo o trabalho	19h40	aula de japonês
13h00	almoço	11h25	deito-me

a O Maurício ... às sete e um quarto.
b Começa o trabalho às ....
c Ele ... às ... menos ... .
d Às oito menos vinte da noite tem uma ... ...
e O Maurício almoça ... .

7.2 Les nombres ci-dessous sont les numéros qui apparaissent sur les portes des maisons. Reliez-les correctement aux illustrations.

a vinte e sete   **b** setenta e sete   **c** noventa e três
d trinta e cinco   **e** quarenta e um   **f** noventa e seis

7.3 Reliez les horloges aux activités de Maria, Jorge, Manuel, Lídia et Filipe.

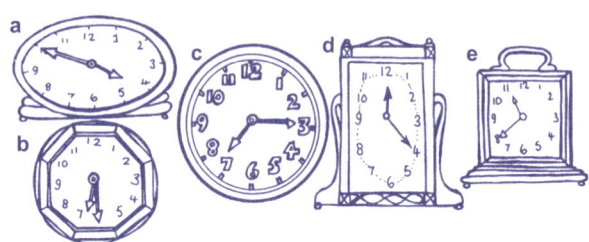

i   A Maria levanta-se às seis e meia.
ii   O Jorge almoça ao meio-dia e vinte.
iii O Manuel sai do trabalho às cinco menos dez.
iv A Lídia janta às sete e um quarto.
v   O Filipe chega ao trabalho às onze menos vinte.

7.4 Répondez maintenant aux questions suivantes sur vos propres activités. Vous pourrez comparer vos réponses avec les réponses types proposées dans le **Corrigé des exercices**.

a À quelle heure vous levez-vous ?
b À quelle heure déjeunez-vous ?
c À quelle heure arrivez-vous chez vous ?
d À quelle heure vous couchez-vous ?

Dialogue 1

CD1 piste 8

Aos fins-de-semana... *Le week-end...*

Rui et João parlent de ce qu'ils font le week-end.

Rui	A que horas se levanta aos sábados?
João	Geralmente às oito e meia. Eu e a minha mulher vamos às compras, e o nosso filho vai jogar futebol com os amigos.
Rui	E a que horas almoçam?
João	Em geral não comemos muito ao almoço. Jantamos por volta das sete horas. E o Rui?
Rui	Em minha casa jantamos mais tarde, e depois saímos para passear na praça.
João	O que faz aos domingos?
Rui	Bem, a minha mulher levanta-se cedo e depois de tomar o pequeno-almoço vai à igreja. Passamos o resto do dia em família, e não nos deitamos muito tarde.

VOCABULAIRE

aos sábados	*le samedi*
geralmente	*généralement*
em geral	*en général*
(ir) às compras	*(faire) les courses*
vai jogar futebol	*(il) va jouer au foot*
(o/a) amigo/a	*(l')ami(e)*
comemos	*nous mangeons*
mais tarde	*plus tard*
depois (de)	*ensuite, après*
para passear	*pour se promener*
(a) praça	*(la) place du village*
aos domingos	*le dimanche*
cedo	*tôt*
tomar	*prendre*
(a) igreja	*(l')église*
passamos	*nous passons*
(o) resto do dia	*(le) reste de la journée*
em família	*en famille*

Grammaire

5) Comment dire « à » et « au »

La préposition **a** (*à*), tout comme **de**, se contracte avec **o** et **a** :

ao = a + o	**aos = a + os**	**à = a + a**	**às = a + as**
ao trabalho *au travail*		**à igreja** *à l'église*	
aos escritórios *aux bureaux*		**às casas** *aux maisons*	

N.B. : Les prépositions **a** et **para** sont toutes les deux employées avec un verbe de mouvement, comme **ir** (*aller*), mais elles ont une nuance différence :

Vou à casa. *Je vais à la maison.* sous-entendu : vous allez revenir
Vou para casa. *Je rentre à la maison.* sous-entendu : vous y resterez

6. Os dias da semana *Les jours de la semaine*   CD1 piste 8

Les jours de la semaine sont présentés dans le tableau ci-dessous.

segunda-feira	*lundi*	**sexta-feira**	*vendredi*
terça-feira	*mardi*	**sábado**	*samedi*
quarta-feira	*mercredi*	**domingo**	*dimanche*
quinta-feira	*jeudi*		

Les jours de la semaine sont numérotés : 2ème, 3ème, etc. Ils sont féminins mais **sábado** et **domingo** sont masculins. À l'oral, il est courant de ne pas prononcer « feira » et de ne parler que de **terça, quinta,** etc.

na segunda	*lundi*
no domingo	*dimanche*
às sextas	*le vendredi*
aos sábados	*le samedi*

N.B. : Vous remarquerez qu'en portugais on utilise la préposistion **em** (contractée avec l'article défini **o/a**) lorsqu'il s'agit d'un événement occasionnel :

Parto na terça-feira. *Je pars mardi.*

et la préposition **a** (contractée avec l'article défini **o/a**) lorsqu'il s'agit d'un événement régulier :

Tenho aula de japonês às quintas-feiras. *J'ai cours de japonais le jeudi.*
Aos domingos, ela vai à igreja. *Le dimanche elle va à l'église.*

En français, l'article défini le/la n'est employé devant les jours de la semaine que lorsqu'il s'agit d'une activité régulière alors qu'en portugais il est également présent lorsqu'on parle d'une activité occasionnelle.

7) A que horas se levanta? *À quelle heure vous levez-vous ?*

Vous avez peut-être remarqué le changement de position du pronom réfléchi **se** dans cette question ? Dans sa description, Rosa a dit **levanto-me**. Lorsqu'un de ces verbes pronominaux est employé dans une question, le pronom réfléchi se place devant le verbe.

8) Não nos deitamos tarde *Nous ne nous couchons pas tard*

Le pronom réfléchi change également de place pour se mettre devant le verbe dans les phrases négatives :

Levanta-se cedo. *Il se lève tôt.*

mais :

Não se levanta tarde. *Il ne se lève pas tard.*

9) Les groupes verbaux en -er et -ir

Vous avez travaillé jusqu'à présent avec les verbes du groupe **-ar**, et quelques verbes irréguliers. Il existe deux autres grands groupes verbaux, dont vous avez vu des exemples dans le dialogue. Ce sont les groupes en **-er** et **-ir**.

comer *manger*		partir *partir*	
eu	como	eu	parto
tu	comes	tu	partes
ele, ela / o Sr./a Sr.ª/você	come	ele, ela / o Sr./a Sr.ª/você	parte
nós	comemos	nós	partimos
(vós	comeis)	(vós	partis)
eles, elas / os Sr.es/as Sr.as/vocês	comem	eles, elas / os Sr.es/as Sr.as/vocês	partem

Avez-vous remarqué les ressemblances entre les deux ? Nous avons vu au point de grammaire 2 le verbe **visto-me** (*je m'habille*). Il appartient au groupe **-ir**, mais la première personne du singulier est légèrement différente.

Document

Quand cet endroit ferme-t-il ?

cervejaria XANA

PETISCOS

*CARACÓIS
PÃO COM CHOURIÇO*

Aberto das 7:30 ás 22:00h.
Encerra á 4.° feira, de manhã.

Bairro da Malagueira
Rua da Conduta, 16
Tel. 218735862

 Exercices

7.5 Comment traduiriez-vous les phrases suivantes en portugais ?
   a Je me lève tôt.
   b Il ne se couche pas tard.
   c À quelle heure vous habillez-vous (pluriel) ?
   d Nous ne nous habillons pas rapidement (*rapidamente*).
   e Comment s'appellent-ils ?
   f À quelle heure te lèves-tu ?

7.6 Choisissez dans l'encadré page suivante la forme correcte du verbe à l'infinitif puis complétez les phrases.
   a (compreender)   Ele ... *(comprend)*
   b (partir)   A senhora ... *(part)*
   c (comer)   Nós ... *(mangeons)*
   d (viver)   O senhor e a senhora Neto ... *(vivent)*
   e (abrir)   Tu ... *(ouvres)*
   f (beber)   O senhor Martin ... *(boit)*

parte	come	vivem	compreende
abres	bebe	partes	vivemos
compreendo	comemos	abro	bebemos

Dialogue 2

Que horas são? *Quelle heure est-il ?*

M. Buisel doit arriver à l'heure à l'aéroport. Il demande à sa voisine quelle heure il est.

Sr. Buisel	Bom dia, Dona Ana Maria.
D.ª Ana Maria	Bom dia, senhor Buisel.
Sr. Buisel	Desculpe, mas a senhora sabe que horas são?
D.ª Ana Maria	São duas menos cinco.
Sr. Buisel	Obrigado. Preciso de ir para o aeroporto. Até breve.

VOCABULAIRE

sabe que horas são?	*savez-vous quelle heure il est ?*
preciso de	*j'ai besoin de*
(o) aeroporto	*(l')aéroport*
até breve	*à bientôt*

Grammaire

10) Que horas são? *Quelle heure est-il ?*

Comme nous l'avons vu au point de grammaire 3, l'heure se dit au pluriel en portugais. La structure pour demander l'heure est identique au français, mais le verbe est au pluriel : **são**, sauf pour *une heure*, *midi* et *minuit*.

São cinco menos vinte.	*Il est cinq heures moins vingt.*
É meia-noite e um quarto.	*Il est minuit et quart.*

S'adresser à une dame agée

M. Buisel a appelé sa voisine « Dona Ana Maria ». Le mot **dona** est employé pour s'adresser avec respect aux femmes d'un certain âge, mariées ou non. On entend également parfois **a senhora Dona Ana Maria**. Ces deux titres peuvent être employés avec des verbes et se conjuguent à la troisième personne du singulier.

A Dona Patrícia está boa? *Vous allez bien, madame Patrícia ?*

En portugais on s'adresse aux personnes de nombreuses manières différentes. Pensez à imiter les personnes que vous entendez autour de vous et, dans le doute, choisissez d'être plutôt trop poli que pas assez.

Autoévaluation

Pouvez-vous à présent :

- a Décrire votre vie quotidienne ?
- b Demander à une personne à quelle heure elle se lève ?
- c Compter jusqu'à 100 à voix haute ?
- d Dire que nous n'allons pas nous coucher avant (**antes das**) 22h30 ?
- e Demander à Paulo à quelle heure il déjeune le dimanche ?
- f Dire que vous ne mangez pas trop le mardi ?
- g Demander à Jorge à quelle heure il va à l'église ?
- h Demander à quelqu'un quelle heure il est ?

08

Tempos livres
Le temps libre

Dans ce chapitre, vous apprendrez à :
- vous adresser aux personnes en portugais du Brésil
- parler d'activités que vous aimez faire
- demander aux gens ce qu'ils aiment faire pendant leur temps libre
- parler de la fréquence d'une activité
- conjuguer quatre verbes irréguliers

Avant de commencer

Avant d'aborder les nouveaux verbes de ce chapitre, il serait peut-être utile de revoir les explications concernant les verbes du groupe **-ar** dans le Chapitre 5, et les verbes du groupe **-er** et **-ir** dans le Chapitre 7.

 Dialogue

CD1 piste 9

Na rua *Dans la rue*

On effectue une étude de marché dans la rue pour savoir ce que les gens aiment faire pendant leur temps libre. L'enquêteuse pose des questions à un groupe de trois passants.

Entrevistadora	Boa tarde. Com licença, posso lhes fazer uma pergunta?
Miguel	Claro. O que quer saber?
Entrevistadora	O que é que vocês gostam de fazer nos tempos livres?
Miguel	Ora bem. Nos meus tempos livres gosto de ouvir música clássica e de pintar.
José	Eu gosto de ir à piscina e, de vez em quando, gosto de passear no campo.
Entrevistadora	E você? O que gosta de fazer nos seus tempos de lazer?
Ana	Pois, gosto muito de ler e de ver televisão.
Entrevistadora	E que gosta de ver?
Ana	Adoro as telenovelas brasileiras.
Entrevistadora	Óptimo!

VOCABULAIRE

posso...?	*je peux...?*
lhes	*vous, leur*
fazer uma pergunta	*poser une question*
o que quer saber?	*que voulez-vous savoir ?*
o que é que vocês gostam de fazer?	*qu'est-ce que vous aimez faire ?*
nos	*(em + os) dans*
(os) (seus) tempos livres/ tempos de lazer	*(votre) temps libre*
ouvir	*écouter*
(a) música clássica	*(la) musique classique*
pintar	*peindre*
(a) piscina	*(la) piscine*
(o) campo	*(la) campagne*
e você?	*et vous ?*

o que gosta de fazer?	qu'aimez-vous faire ?
ler	lire
ver	voir, regarder (la télévision)
(a) televisão	(la) télévision
(a) telenovela	(la) série télévisée

 Grammaire

1) Você, vocês *Vous*

Avez-vous remarqué que l'enquêteuse a utilisé un nouveau mot pour s'adresser aux personnes du groupe ? Tandis qu'au Portugal l'utilisation de **tu** et **você** ressemble aux équivalents français respectifs (*tu* et *vous*), au Brésil, on utilise seulement **você** quel que soit le degré de familiarité avec la personne à qui on s'adresse. Comme formule de politesse les Brésiliens utilisent **o senhor/a senhora**.

2) Posso? *Je peux ?*

Les réponses typiques à la question **posso?** sont **pode** (*vous pouvez*), **sim pode** (*oui, vous pouvez*), ou encore **claro que pode** (*bien sûr que vous pouvez*). Vous trouverez ci-dessous les autres formes de ce verbe :

tu	podes
ele/ela /você/ o Sr./ a Sr.ª	pode
nós	podemos
(vós	podeis)
eles/elas/vocês/os Sr.es/as Sr.as	podem

Vous pouvez utiliser **posso?** dans un café ou un restaurant, par exemple, lorsque vous avez besoin de la chaise qui se trouve à la table voisine.

3) O que (é que) gosta de fazer? *Qu'aimez-vous faire ? (Qu'est-ce que vous aimez faire ?)*

Vous vous souvenez sûrement depuis le Chapitre 5 que le verbe **gostar de** (*aimer*) s'emploie avec des noms pour décrire ce que vous aimez et n'aimez pas. Vous pouvez utiliser ce même verbe pour parler des choses que vous aimez faire. De plus, **gostar** est un verbe du groupe **-ar** très facile à conjuguer, qui vous permet de parler facilement de ce que les autres aiment faire.

O Nuno gosta de pintar.	*Nuno aime peindre.*
Gostamos de ouvir música.	*Nous aimons écouter de la musique.*

En plus de celles données dans le dialogue, vous trouverez ci-dessous une nouvelle liste d'activités à faire pendant votre temps libre.

VOCABULAIRE	
praticar desporto	*faire du sport*
ir ao teatro	*aller au théâtre*
nadar	*nager/faire de la natation*
andar	*marcher*
viajar	*voyager*
costurar	*coudre/faire de la couture*
trabalhar no jardim/jardinar	*jardiner*
dançar	*danser*
fazer bricolage	*bricoler*
fazer colecção de...	*faire collection de...*

Exercices

8.1 En portugais, pouvez-vous :
   a Demander à Maria ce qu'elle aime faire pendant ses loisirs ?
   b Dire que vous aimez faire de la couture ?
   c Demander aux Silva s'ils aiment voyager ?
   d Demander à José et Nuno s'ils aiment faire du sport ?
   e Dire ce que vous n'aimez pas faire ?
   f Demander à une personne que vous connaissez très bien si elle aime faire de la natation pendant ses loisirs ?

8.2 Vous êtes en train de vous promener dans les rues de Porto quand un enquêteur vous arrête pour vous demander ce que vous et votre famille aimez faire pendant votre temps libre. Comme vous êtes le/la seul(e) à parler portugais, vous répondez pour toute la famille. En suivant les indications données, complétez le dialogue. Vous trouverez les réponses sur l'enregistrement et dans le **Corrigé des exercices**.

CD1 piste 9

Entrevistador	Bom dia. Com licença, posso lhes fazer umas perguntas?
a Vous	*Dites oui, bien sûr.*
Entrevistador	São portugueses?
b Vous	*Dites non, vous n'êtes pas portugais. Vous êtes tous français. Dites-lui de quelle ville vous êtes.*
Entrevistador	Mas fala português?
c Vous	*Dites oui, vous parlez un peu portugais.*
Entrevistador	Muito bem. Então, o que é que gostam de fazer nos tempos livres?
d Vous	*Dites que vous aimez aller au théâtre.*

Entrevistador	E a sua família?
e Vous	*Dites que votre mari/femme aime jardiner, et que vos enfants aiment faire du sport.*
Entrevistador	E gostam de visitar Portugal?
f Vous	*Dites : bien sûr !*

Document 1

Cet endroit pourrait-il intéresser les amateurs d'art ?

Casa do Brasil
CENTRO DE LÍNGUA, ARTE E CULTURA

Monologue 1

CD1 piste 9

Lisez ou écoutez le récit de Sónia sur ce qu'elle aime faire.

Gosto muito de ouvir música. Às vezes ouço música rock mas geralmente prefiro música jazz. Aos fins-de-semana passo muito tempo a ler. Leio revistas e jornais, e gosto de livros românticos. Vou muitas vezes à biblioteca para ler.

VOCABULAIRE

às vezes	*parfois*
ouço	*j'écoute*
passo muito tempo a ler	*je passe beaucoup de temps à lire*
leio	*je lis*
(a) revista	*(le) magazine*
(o) jornal (pluriel : **jornáis**)	*(le) journal*
(o) livro	*(le) livre*
romântico/a	*romantique*
muitas vezes	*souvent*
(a) biblioteca	*(la) bibliothèque*

Monologue 2

CD1 piste 9

Découvrez maintenant ce que Nuno aime faire, et quand.

> Gosto imenso de praticar desporto. Adoro jogar ténis e todos os dias tento jogar pelo menos uma hora. Também faço colecção de selos e todas as noites vejo televisão. O meu programa preferido é "A roda da Sorte".

VOCABULAIRE

jogar ténis	*jouer au tennis*
todos os dias	*tous les jours*
tento	*j'essaie*
pelo menos	*au moins*
faço colecção de selos	*je collectionne les timbres*
todas as noites	*tous les soirs*
vejo	*je regarde (*la télévision*) ; je vois*
o meu programa preferido	*mon programme préféré*
A roda da Sorte	*La Roue de la fortune*

Grammaire

4) Parfois, souvent, jamais

Il existe de nombreux mots pour exprimer la notion de fréquence, vous en avez déjà découvert certains dans les monologues (**às vezes, muitas vezes, todos os dias, todas as noites**). Le tableau ci-dessous vous en présente d'autres.

nunca	*jamais*
de vez em quando	*parfois*
uma vez por (semana)	*une fois par (semaine)*
cada (mês)	*tous les (mois)*
todos os dias	*tous les jours*
poucas vezes	*rarement, peu souvent*

En règle générale ces expressions se placent devant le verbe :

Nunca vou ao cinema. *Je ne vais jamais au cinéma.*

Certaines, cependant, trouvent naturellement leur place à la fin de la phrase :

Vejo televisão todos os dias. *Je regarde la télévision tous les jours.*

5) Ouço, leio, vejo, faço *J'écoute, je lis, je vois, je fais*

Les verbes **ouvir, ler, ver** et **fazer** sont tous irréguliers d'une façon ou d'une autre. Leurs formes complètes se trouvent dans le tableau ci-dessous :

	ouvir	écouter	ler	lire
(eu)	ouço	j'écoute	leio	je lis
(tu)	ouves	tu écoutes	lês	tu lis
(ele, ela, você, o Sr./a Sr.ª)	ouve	il, elle écoute, vous écoutez	lê	il, elle lit, vous lisez
(nós)	ouvimos	nous écoutons	lemos	nous lisons
((vós)	ouvis	vous écoutez)	(ledes	vous lisez)
(eles, elas, vocês, os Sr.es/as Sr.as)	ouvem	ils, elles écoutent vous écoutez	lêem	ils, elles lisent vous lisez
	ver	voir, regarder	fazer	faire
(eu)	vejo	je vois, regarde	faço	je fais
(tu)	vês	tu vois, regardes	fazes	tu fais
(ele, ela, você, o Sr./a Sr.ª)	vê	il, elle voit, regarde, vous voyez, regardez	faz	il, elle fait, vous faites
(nós)	vemos	nous voyons, regardons	fazemos	nous faisons
((vós)	vedes	vous voyez, regardez)	(fazeis	vous faites)
(eles, elas, vocês, os Sr.es/as Sr.as)	vêem	ils, elles voient, regardent vous voyez, regardez	fazem	ils, elles font vous faites

6) Para *Pour*

Vous l'aurez peut-être remarqué dans le récit de Rosa lorsqu'elle a employé l'expression **para ler**, le mot **para** a ici la même fonction que le mot français *pour*. Il est utilisé devant les verbes lorsque vous avez l'intention de faire une action :

Vou à cidade para fazer compras. *Je vais en ville pour faire des courses.*

Exercices

8.3 Complétez les phrases ci-dessous avec les mots de l'encadré ci-contre.
Eu gosto de ler ... de aventura. ... todos os ..., e também ... televisão. O meu marido ... música clássica e ... golfe. Ele ... ... o jornal, mas ... de ler revistas. As minhas filhas ... à discoteca ... as semanas e, de ... em ..., ... colecção de bonecas (*poupées*).

ouve	nunca	gosta	leio
vão	livros	joga	dias
lê	vejo	todas	vez
quando	fazem		

8.4 Formez des phrases à partir des éléments des colonnes de gauche et de droite en utilisant para (*pour*) pour former des phrases complètes.

a	Vou à biblioteca...	i	fazer compras.
b	A Paula vai ao escritório...	ii	dançar.
c	Vamos ao centro desportivo...	iii	ler livros.
d	Ela vai ao supermercado...	iv	jogar ténis.
e	Eles vão à piscina...	v	nadar.
f	A Mónica vai à discoteca...	vi	trabalhar.

8.5 Complétez les mots croisés avec des mots indiquant la fréquence. La première expression figure déjà dans la grille.

Tempos livres

77

Document 2

Quand ce restaurant est-il ouvert ?

RESTAURANTE - BAR
2 IRMÃOS

ABERTO TODOS OS DIAS

Especialidades da Casa: CATAPLANA - BIFE À CASA - ENTRECOSTO
COZINHA TRADICIONAL PORTUGUESA - ALMOÇOS - JANTARES
AR CONDICIONADO
SANTA EULÁLIA – TELEFONE: 28954852 — 8200 ALBUFEIRA

Autoévaluation

Pouvez-vous à présent :

a Demander à une personne ce qu'elle aime faire de son temps libre ?
b Dire ce que vous aimez faire ?
c Répondre à une personne qui vous a demandé si elle pouvait prendre une chaise de votre table ?
d Dire ce que votre mari/femme aime faire ?
e Dire avec quelle fréquence vous regardez la télévision ?
f Demander à M. et Mme Costa s'ils écoutent souvent de la musique ?
g Dire que vous allez en ville faire des courses ?

09

As férias
Les vacances

Dans ce chapitre, vous apprendrez à :
- conjuguer de nouveaux verbes irréguliers
- parler des vacances
- nommer les mois de l'année
- parler de l'avenir
- dire ce que vous aimeriez faire
- compter de 101 à 199

Lecture

CD1 piste 10

Le texte ci-dessous est tiré d'une brochure de voyages. Lisez-le (ou écoutez l'enregistrement) puis répondez aux questions.

Onde é que vai passar as férias este ano? Porque não passar um tempo connosco na ilha do Paraíso? Temos tudo para umas férias maravilhosas e relaxantes.

Pode passear pelas nossas praias de areia dourada, nadar num mar azul-claro, ou fazer passeios no campo sossegado. Se gosta de praticar desporto, temos dois campos de ténis, três piscinas, um campo de golfe e também oferecemos desportos aquáticos. Na ilha do Paraíso pode esquecer o "stress" do seu quotidiano e relaxar num ambiente natural e especial.

VOCABULAIRE

passar (as) férias	passer les vacances
este ano	cette année
connosco	avec nous
(a) ilha do Paraíso	(l')île du Paradis
tudo	tout
maravilhoso/a	merveilleux/se
relaxante	relaxant(e)
(a) praia	(la) plage
(a) areia	(le) sable
dourado/a	doré(e)
(o) mar azul-claro	(la) mer bleu ciel
fazer/dar passeios	faire des promenades, se promener
sossegado/a	paisible
(o) campo de ténis	(le) terrain de tennis
(o) campo de golfe	(le) terrain de golf
oferecemos	nous offrons
(o) desporto aquático	(le) sport aquatique
esquecer	oublier
(o) quotidiano	(le) quotidien
(o) ambiente	(le) milieu
natural	naturel(le)
especial	spécial(e), unique

1 Onde pode passar umas férias maravilhosas?
2 O que pode fazer nas praias?
3 Onde pode nadar na ilha?
4 O que pode fazer se gosta de praticar desporto?
5 O que é que a ilha oferece?

Dialogue 1

CD1 piste 10

As férias *Les vacances (1)*

Fernando parle avec son collègue de l'endroit où ils ont l'habitude d'aller en vacances.

Fernando	Então, Júlio, vai tirar férias este ano?
Júlio	Vou, sim. Vou para a Grécia. A minha mulher quer conhecer a cultura grega. E o Fernando? Onde vai?
Fernando	Geralmente, viajamos pela Europa e visitamos vários países. Gostamos muito de provar as comidas estrangeiras. E os seus filhos, Júlio? Vão com vocês?
Júlio	Não. A minha filha nunca passa as férias connosco. Vai sempre com o namorado para França. De vez em quando o nosso filho vem connosco, mas em geral prefere passar o Verão na praia.

VOCABULAIRE

tirar férias	*prendre des vacances*
(a) Grécia	*(la) Grèce*
quer	*(elle) veut*
conhecer	*connaître*
(a) cultura grega	*(la) culture grecque*
viajamos pela Europa	*nous voyageons en Europe*
vários/as	*plusieurs*
sempre	*toujours*
provar	*goûter ; essayer*
(a) comida estrangeira	*(la) cuisine étrangère*
(o/a) namorado/a	*(le/la) petit(e) ami(e)*
vem	*(il) vient*
(o) Verão	*(l')été*

Grammaire

1) Deux verbes irréguliers

Querer (*vouloir*) et **vir** (*venir*) sont deux autres nouveaux verbes irréguliers qu'il faut connaître. Ils sont conjugués à toutes les personnes dans le tableau de la page suivante.

querer *vouloir*	vir *venir*
quero	venho
queres	vens
quer	vem
queremos	vimos
(quereis)	(vindes)
querem	vêm

2) Conhecer : un verbe à changement orthographique

Conhecer suit le modèle de conjugaison des verbes en **-er** mais il fait également partie des verbes que l'on appelle à changement orthographique : pour garder le son « ss » du **-c-** on doit ajouter une cédille à la première personne du singulier. La cédille se dit **cedilha** en portugais.

Não conheço a Áustria.   *Je ne connais pas l'Autriche.*

N.B. : Il existe la même différence qu'en français entre les verbes **saber** et **conhecer** :

Sabe jogar ténis? Não, não sei.   *Vous savez jouer au tennis ? Non, je ne sais pas.*

Não conhece a minha mulher?   *Vous ne connaissez pas ma femme ?*

3) Pela Europa *En Europe*

Pela est un nouvel exemple des formes contractées que vous découvrez à chaque nouveau chapitre. Celle-ci se construit à partir de la préposition **por** (*à travers, de par, en, par, pour*) suivie de **o, a, os, as**, ce qui donne **pelo, pela, pelos, pelas**.

pelo mar   *par mer*
pelas ruas   *dans les rues*

Exercices

9.1 Complétez votre partie du dialogue en suivant les instructions. Vous trouverez les réponses sur l'enregistrement ou dans le **Corrigé des exercices**.

Teresa	Onde passa normalmente as férias?
a **Vous**	*Dites que vous allez souvent en Italie au printemps (na Primavera).*
Teresa	Por que gosta da Itália?
b **Vous**	*Dites que vous aimez la culture italienne.*
Teresa	E os seus filhos também vão?
c **Vous**	*Dites que votre fils vient toujours avec vous, mais que votre fille préfère voyager avec son petit ami.*

Teresa	Onde quer ir nas férias de Inverno (*hiver*)?
d **Vous**	*Dites qu'en général vous restez à la maison, mais que votre famille et vous souhaitez visiter Paris à l'automne (**no Outono**).*

9.2 Complétez les phrases avec la forme correcte du verbe **conhecer**.

a Conheces a Espanha? Não, não ... .
b A minha mãe ... o teu irmão.
c A Paula e a Susana não se ... .
d Vocês ... Paris?
e Nós não ... a tua casa.

 Dialogue 2

CD1 piste 10

As férias *Les vacances (2)*

Daniela et Lúcia parlent de l'endroit où elles vont passer leurs vacances et de la période à laquelle elles aimeraient les prendre.

Daniela	Lúcia, onde vais passar as férias este ano?
Lúcia	Pois, em Março vou a França passar um tempo com a minha amiga francesa. E tu, Daniela? Tens férias este ano?
Daniela	Tenho. Vou passar quinze dias na Espanha, em Novembro. A minha mãe diz que é muito bonita no Outono. O que vais fazer para o ano?
Lúcia	Bom, no ano que vem gostaria de viajar pela Índia. E tu?
Daniela	Também gostaria de fazer uma viagem exótica, mas não tenho muito dinheiro. Provavelmente no ano que vem vou passar as férias na minha terra, em Braga.

VOCABULAIRE

Março	*mars*
quinze dias	*quinze jours*
Novembro	*novembre*
diz	*elle dit*
(o) Outono	*(l')automne*
para o ano	*l'année prochaine*
no ano que vem	*l'année qui vient*
gostaria de	*j'aimerais*
(a) Índia	*(l')Inde*
(a) viagem	*(le) voyage*
exótico/a	*exotique*
(o) dinheiro	*(l')argent*
provavelmente	*probablement*
a minha terra	*ma région natale (littéralement ma terre natale)*

🌍 La terre natale

Les Portugais sont très attachés à leur région natale, en particulier ceux qui sont originaires de la campagne (**o campo**). Au cours de l'histoire, la terre (**a terra**) a joué un très grand rôle dans la vie des Portugais, le Portugal étant un pays à forte tradition agricole. Il n'y a donc rien de surprenant à ce qu'ils parlent de leur région comme de **a minha terra**.

Ils aiment néanmoins voyager et s'installer partout dans le monde (les derniers recensements comptaient plus de 5 millions d'émigrants portugais éparpillés sur la surface du globe). Malgré cela, c'est souvent vers **a terra** que les Portugais se tournent lorsqu'ils sont pris de **saudades** (mot qui exprime une émotion de profonde nostalgie envers un lieu ou des personnes éloignés).

Grammaire

4) Os meses do ano *Les mois de l'année*

CD1 piste 10

VOCABULAIRE

Janeiro	*janvier*	**Julho**	*juillet*
Fevereiro	*février*	**Agosto**	*août*
Março	*mars*	**Setembro**	*septembre*
Abril	*avril*	**Outubro**	*octobre*
Maio	*mai*	**Novembro**	*novembre*
Junho	*juin*	**Dezembro**	*décembre*

5) Maintenant ou l'année prochaine ?

Pour parler de choses que vous faites régulièrement ou que vous êtes en train de faire actuellement, vous pouvez utiliser les verbes que vous avez appris qui sont au présent de l'indicatif :

Às segundas, vou sempre a uma aula de francês.   *Le lundi, je vais toujours à un cours de français.*

Pour parler en revanche d'une action qui se déroulera dans le futur, proche ou lointain, il suffit comme en français d'utiliser la forme appropriée du verbe **ir** (*aller*) au présent, suivie du verbe qui décrit l'action et/ou du moment où l'action aura lieu.

Vamos ao Japão no ano que vem.   *Nous allons au Japon l'année qui vient.*

Vou à cidade amanhã.   *Je vais en ville demain.*

6) Gostaria de *J'aimerais*

Vous savez déjà parler de choses que vous aimez grâce à **gostar de**. Pour parler de choses que *vous aimeriez faire* vous devez employer la même formule que celle utilisée par Lúcia dans le dialogue : **gostaria de viajar** (*j'aimerais voyager*). **Gostaria** correspond aussi à la troisième personne du singulier (**ele, ela, você, o senhor, a senhora**). Il suffit d'ajouter un **-s** pour obtenir la forme correspondant à **tu** : **gostarias**. *Nous aimerions* se traduit par **gostaríamos**, et la troisième personne du pluriel par **eles, elas, vocês, os senhores, as senhoras gostariam**. Ce temps est le conditionnel.

 # Exercices

9.3 Formez six phrases complètes en utilisant les éléments des colonnes ci-dessous. Il peut y avoir plusieurs possibilités, mais prenez garde à bien faire correspondre le sujet et la forme verbale. Vous trouverez des réponses types dans le **Corrigé des exercices**.

a	Eu	vamos	trabalhar	pela Suíça	amanhã
b	Tu	vão	jogar	no mar	no ano que vem
c	Você	vou	tirar	no jardim	em Julho
d	Nós	vai	visitar	golfe	na sexta-feira
e	Os senhores	vão	nadar	férias	em Abril
f	Eles	vais	viajar	o meu amigo	no sábado

9.4 Les mois de l'année sont cachés dans cette grille. Pouvez-vous les retrouver ?

A	J	U	L	H	O	B	F	C	O
D	D	E	I	F	G	H	E	I	R
S	E	J	R	K	L	O	V	M	B
E	Z	N	B	O	H	P	E	Q	U
T	E	J	A	N	E	I	R	O	T
E	M	R	U	S	T	O	E	U	U
M	B	J	V	W	X	Y	I	Z	O
B	R	A	B	C	O	Ç	R	A	M
R	O	R	B	M	E	V	O	N	M
O	T	S	O	G	A	D	E	F	G

9.5 Comment traduiriez-vous les phrases suivantes en portugais ?
- **a** J'aimerais visiter l'Allemagne.
- **b** Paulo n'aimerait pas travailler le lundi.
- **c** Voudriez-vous (pluriel) déjeuner (almoçar) avec nous ?
- **d** Mon mari/ma femme aimerait goûter la cuisine brésilienne.
- **e** Nous aimerions voyager à travers les États-Unis.

Document

Pour quels mois de l'année cet horaire de train est-il valide ?

COMBOIO DE FÉRIAS

PORTO-ALGARVE-PORTO

A partir de 30 de Junho até 10 de Setembro de 2007 realiza-se este serviço, com os horários e dias de circulação abaixo indicados:

20800/ /20801 ✕ R 🚌 [1]	20802/ /20803 ✕ R 🚌🚌 [2]		ESTAÇÕES		20862/ /20863 ✕ R 🚌 [3]	20864/ /20865 ✕ R 🚌🚌 [4]
1-2	1-2				1-2	1-2
6 30	20 45	P	Porto (Campanhã)	C	0 00	8 18
6 36	20 52		Vila Nova de Gaia		23 54	8 12
6 48	21 05		Espinho		23 41	7 58
7 15	21 33		Aveiro		23 12	7 27
7 47	22 10	C	Coimbra-B	P	22 38	6 53
7 48	22 12	P		C	22 36	6 52
8 52	23 16	C	Entroncamento	P	21 29	5 41
9 04	23 30	P		C	21 15	5 24
14 50	5 45	C	* Tunes *	P	15 18	22 47
14 54	5 53	P		C	15 08	22 41
15 03	6 03		Albufeira		15 02	22 35
15 18	6 20		Loulé		14 45	22 18
15 32	6 35	C	Faro	P	14 29	22 01
15 47	7 05	P		C	14 10	21 29
15 57	7 14		Olhão		14 01	21 20
16 20	7 43		Tavira		13 37	20 57
16 47	8 17		V. Real de S. António		13 10	20 26
16 50	8 20	C	**V. R. de S. Ant.-Guad.**	P	13 05	20 20

* Ligações de e para o Ramal de Lagos. Consulte os Cartazes Horários n.os [12].

Grammaire

7) Os números de 101 a 199 *Les nombres de 101 à 199*

CD1 piste 10

Connaissez-vous bien les nombres que vous avez appris jusqu'à maintenant ?
Vous êtes donc prêt(e) pour la série suivante, qui commence après 100 (**cem**).

VOCABULAIRE

101	cento e um/uma	**150**	cento e cinquenta
102	cento e dois/duas	**160**	cento e sessenta
105	cento e cinco	**170**	cento e setenta
110	cento e dez	**180**	cento e oitenta
120	cento e vinte	**190**	cento e noventa
130	cento e trinta	**199**	cento e noventa e nove
140	cento e quarenta		

Le mode de formation de ces nombres est le même que pour la série précédente (voir page 62).

cento e trinta e seis   100 + 30 + 6 = 136

N'oubliez pas que dès que *un* ou *deux* apparaissent dans un chiffre, vous devez penser à faire l'accord au masculin ou au féminin. L'euro qui est aussi la monnaie du Portugal est masculin (**o euro**). Une bière coûtera donc **dois euros**, mais imaginez que vous ayez très soif : vous devrez peut-être commander **cento e vinte e duas cervejas** !

Exercice

9.6 Indiquez si les opérations suivantes sont justes (V = **verdadeiro**) ou fausses (F = **falso**).

a	Cento e cinco + trinta e um	= cento e trinta e seis
b	Cento e noventa – vinte	= cento e quarenta
c	Setenta e dois + quinze	= cento e vinte e dois
d	Cento e sessenta – cinquenta	= cento e dez
e	Cento e oitenta e três – oitenta e três	= cem

Autoévaluation

Pouvez-vous à présent :

a Demander à un groupe d'amis où ils vont passer leurs vacances cette année ?
b Dire que vous voulez connaître la Grèce ?
c Dire que votre famille passe toujours ses vacances au Portugal ?
d Demander à une personne si elle sait nager ?
e Dire où vous allez passer vos vacances l'année prochaine ?
f Demander à une personne si elle aimerait venir aussi ?
g Prononcer les mois de l'année à voix haute ?
h Choisir au hasard dix nombres entre 100 et 199, et les prononcer à voix haute ?

10
Transportes
Les transports

Dans ce chapitre, vous apprendrez à :
- parler des moyens de transport
- dire ce que vous souhaitez
- dire « plus de » et « moins de »
- compter à partir de 200
- donner des ordres

10 Avant de commencer

Avant d'aborder ce chapitre, le dernier de cette première partie, reprenez les Chapitres 3, 7 et 9 pour vous assurer que vous connaissez bien les nombres jusqu'à 199.

Dialogue 1

CD1 piste 11

Os transportes *Les transports (1)*

Olívia et Luísa parlent du moyen de transport qu'elles utilisent pour aller travailler.

Olívia	Bom dia, Luísa. Vais trabalhar hoje?
Luísa	Vou, sim.
Olívia	Queres uma boleia? Vou passar perto do teu trabalho.
Luísa	Obrigadinha, mas não. Hoje vou primeiro ao dentista. Vou de autocarro e depois vou a pé para o trabalho.
Olívia	Muito bem. Então, até logo.

VOCABULAIRE

hoje	aujourd'hui
(dar) uma boleia	conduire/déposer quelqu'un en voiture
passar	passer (par)
perto de	près de
(o) trabalho	(le) travail
obrigadinho/a	merci beaucoup
(o) dentista	(le) dentiste
vou de autocarro	je vais en bus
vou a pé	je vais à pied

Dialogue 2

CD1 piste 11

Os transportes *Les transports (2)*

Lisez ou écoutez les réponses de M. Pinto à l'enquêteur au sujet du mode de transport qu'il utilise pour aller travailler.

| Entrevistador | Senhor Pinto, como vai para o trabalho? |
| Sr. Pinto | Bem, geralmente vou de comboio. O meu trabalho fica fora da cidade, um pouco longe. Vou e volto todos os dias. |

Entrevistador	O senhor não tem carro?
Sr. Pinto	Não, não tenho. Queria comprar um, mas não tenho dinheiro, e o comboio é rápido e barato. Viajo mais de quinhentos quilómetros por semana.
Entrevistador	E vai sempre de comboio?
Sr. Pinto	Às vezes vou de camioneta e, se tenho uma reunião no Porto, vou de avião.

VOCABULAIRE

como vai para o trabalho?	comment allez-vous au travail ?
vou de comboio	je prends le train
fora da cidade	à l'extérieur de la ville
longe	loin
vou e volto	je vais et je reviens
(o) carro	(la) voiture
queria comprar	je voulais acheter
rápido/a	rapide
mais de	plus de
quinhentos/as	cinq cents
(o) quilómetro	(le) kilomètre
de camioneta	en car
se	si
(a) reunião	(la) réunion
de avião	en avion

Les diminutifs

On a tendance en portugais à donner des diminutifs aux choses avec les suffixes **-inho** ou **-zinho** qui véhiculent une notion de petite taille ou d'affection. Dans le premier dialogue Luísa, au lieu de dire **obrigada** qui est la formule la plus courante, dit **obrigadinha**. Vous entendrez très souvent cette expression, tout comme par exemple **coitadinho/a** de **coitado/a** (*le/la pauvre*), **um livrinho** de **livro** (*livre*), **pãozinho** (*un petit pain*) de **pão**, etc. Inversement, le suffixe **-ão** véhicule une notion de grande taille ou d'importance ; si vous désirez une bouteille de vin (**uma garrafa de vinho**) et que vous demandez **um garrafão**, attendez-vous à ce qu'on vous apporte une bonbonne de cinq litres !

Grammaire

1) De carro, a pé *En voiture, à pied*

En règle générale on parle des moyens de transport en utilisant **de** suivi du nom du véhicule. Vous pouvez donc voyager :

de carro	*en voiture*	**de barco**	*en bateau*
de comboio	*en train*	**de bicicleta**	*en vélo*
de autocarro	*en bus/car*	**de moto(cicleta)**	*en moto*
de camioneta	*en car*	**de avião**	*en avion*
	mais		
a pé	*à pied*	**a cavalo**	*à cheval*

2) Quero, queria *Je veux, je voudrais*

Queria est la forme polie du verbe **querer** (*vouloir, souhaiter*) que vous avez appris dans le chapitre précédent. **Queria** est l'expression à employer lorsque vous demandez quelque chose dans un magasin, à un guichet, dans un café, etc. Toutefois, vous entendrez également de nombreux Portugais employer le verbe au présent de l'indicatif, surtout pour proposer de la nourriture ou des boissons.

Quer comer alguma coisa? *Voulez-vous manger quelque chose ?*

3) Mais de, menos de *Plus de, moins de*

Vous avez appris dans le Chapitre 4 à utiliser **mais** (*plus*) et **menos** (*moins*) pour faire des comparaisons. Avec les chiffres, qu'il s'agisse de prix, de distance ou de temps, on traduit *plus de* et *moins de* par, respectivement, **mais de** et **menos de**.

Mais de cinquenta euros. *Plus de cinquante euros.*
Menos de dez minutos. *Moins de dix minutes.*

4) Os números: de 200 para cima *Les nombres : 200 et plus*

CD1 piste 11

Si jamais vous êtes amené(e) à parler de distances, vous aurez besoin de maîtriser les termes exprimant les centaines, voire les milliers. Et puis, après tout, qui dit que vous ne gagnerez pas des milliers d'euros au **Totoloto**. Vous trouverez ci-contre la dernière série de nombres qui commence à partir de 200.

VOCABULAIRE			
200	duzentos	**1 000**	mil
300	trezentos	**2 000**	dois mil
400	quatrocentos	**10 000**	dez mil
500	quinhentos	**100 000**	cem mil
600	seiscentos	**1 000 000**	um milhão
700	setecentos		
800	oitocentos		
900	novecentos		

Apprendre les nombres par groupes de la même famille peut parfois faciliter leur mémorisation :

5 cinco	**15** quinze	**50** cinquenta	**500** quinhentos
8 oito	**18** dezoito	**80** oitenta	**800** oitocentos

Les centaines s'accordent au féminin. On parlera donc par exemple d'un article de journal de **seiscentas palavras**.

Dans les chiffres composés, les centaines, les dizaines et les unités sont généralement toujours séparées par le mot **e**, comme vous l'avez vu dans la série précédente. 953 sera donc : **novecentos e noventa e três**.

En général on n'emploie pas de **e** après les milliers. Le **e** n'apparaît que si le millier est suivi d'un nombre entre 1 et 100, ou d'une centaine ronde comme 200, 300, etc.

1996 = **mil novecentos e noventa e seis**

2003 = **dois mil e três**

Ne vous laissez pas impressionner par les nombres, et profitez de chaque occasion pour vous entraîner à les utiliser. Écoutez attentivement quand on vous donne un prix. Si jamais vous ne comprenez pas bien, n'hésitez pas à demander qu'on vous l'écrive (**Pode escrever?**).

Exercices

10.1 Complétez le texte suivant en choisissant parmi les mots encadrés à la page suivante.

Em ... vou para o trabalho ... autocarro. Vou e ... todos os dias. O autocarro é ... e bastante (*assez*) ... . Às vezes, aos ... de semana viajo para ... da cidade e, normalmente, ... de comboio. Aos domingos ... de passear de ... . Quando vou de ..., viajo de ... ou de ... .

volto	rápido	vou	férias
geral	dias	fins	gosto
avião	de	barato	fora
bicicleta	barco		

10.2 Lisez ou écoutez la série de nombres suivants et essayez de trouver les équivalents français.

CD1 piste 11

oitocentos e sessenta e dois ; mil duzentos e quarenta e um ; trezentos e quarenta e nove ; dois mil ; setecentos e sessenta e seis ; duzentos e noventa e nove ; setecentos e cinquenta e oito ; cinco mil quinhentos e doze ; dez mil cento e cinquenta ; seiscentos e oitenta e três ; três mil trezentos e setenta e um.

Document

Quel numéro appelleriez-vous pour obtenir des informations sur les bus ?

AUTOCARROS. Rua da República, 135. Tel. 214323747/ 214329624.

COMBOIOS. Tel. 214322125.

TÁXI-AÉREO. Aeródromo de Évora. Tel. 266728335.

Lecture

CD1 piste 11

Lisez ou écoutez cette petite annonce tirée de la rubrique « À vendre » d'un journal, puis répondez aux questions qui s'y rapportent.

Vende-se bicicleta

Quer melhorar a sua vida? Está farto dos transportes públicos ou de pedir boleia aos seus amigos? Tenho uma bicicleta bonita que vai querer comprar. Com uma bicicleta, pode-se passear no campo, chegar mais rápido ao trabalho e melhorar a saúde. Só custa vinte euros. É barata! É bonita! É sua! Compre já!

1 O que é que a pessoa quer vender?
2 Como é?
3 O que se pode fazer com ela?
4 Quanto custa?
5 É barata, ou cara?

VOCABULAIRE		
	vende-se bicicleta	bicyclette/vélo à vendre
	melhorar	améliorer
	(a) vida	(la) vie
	estar farto/a de	en avoir assez de
	(os) transportes públicos	(les) transports publics
	pedir boleia	demander qu'on vous conduise/dépose
	pode-se	on peut
	(a) saúde	(la) santé
	só custa	(elle) coûte seulement
	compre já!	achetez maintenant !

Grammaire

5) De nouveaux usages pour les verbes pronominaux

Dans le Chapitre 7 vous avez appris quelques verbes que l'on appelle les verbes pronominaux, du type *se laver*. On les utilise également dans deux nouvelles situations. Tout d'abord, lorsque quelque chose est à vendre, à louer, etc. Au Portugal on voit des annonces qui disent **vende-se** (*à vendre*), **aluga-se** ou **arrenda-se** (*à louer*). Dans la petite annonce pour la bicyclette, la traduction littérale est que le vélo « se vend » : aucune mention n'est faite du vendeur. Vous verrez également des pancartes dans les magasins ou les hôtels, indiquant **aqui fala-se inglês e francês**, naturellement traduit en français par *on parle anglais et français*. Ce qui nous amène au second exemple, **pode-se**, *on peut/il est possible* : le verbe pronominal sert également à introduire des phrases impersonnelles.

6) De carro, no carro de X *En voiture, dans la voiture de X*

Comme nous l'avons vu précédemment, on utilise **de** pour parler d'un moyen de transport. Néanmoins, lorsque vous souhaitez préciser de quel véhicule il s'agit, ou que vous mentionnez un train (ou un bus, un avion, etc.) précis, alors il faut utiliser **em** (**no**, **na**).

no carro dos seus amigos	*dans la voiture de vos amis*
no comboio das dez e meia	*dans le train de dix heures et demie*
no avião da TAP	*dans l'avion de la TAP*

7) Compre! *Achetez !*

Donner des ordres en portugais (même en restant poli) pouvant s'avérer un peu compliqué, nous allons donc pour le moment nous en tenir au vouvoiement (**você**). Le tableau ci-dessous présente un exemple pour chacun des trois groupes verbaux :

Infinitif	Présent		Impératif	
comprar acheter	compra	il, elle achète vous achetez	compre!	achetez !
comer manger	come	il, elle mange vous mangez	coma!	mangez !
partir partir	parte	il, elle part vous partez	parta!	partez !

Avez-vous remarqué la règle suivie par ces trois verbes ? Ceux qui se terminent en **-ar** changent leur terminaison en **-e** et les verbes en **-er** et **-ir** changent la leur en **-a**. Pour donner un ordre à plus d'une personne, il suffit d'ajouter un **-m** (**comprem**, **comam**, **partam**).

Vous trouverez dans le tableau suivant quelques verbes irréguliers qui ne suivent pas les règles mentionnées ci-dessus :

Infinitif		Singulier	Pluriel	
fazer	faire	**faça!**	**façam!**	faites !
ser	être	**seja!**	**sejam!**	soyez !
estar	être	**esteja!**	**estejam!**	soyez !
ter	avoir	**tenha!**	**tenham!**	ayez !
ir	aller	**vá!**	**vão!**	allez !
vir	venir	**venha!**	**venham!**	venez !

Vous découvrirez d'autres verbes irréguliers au fur et à mesure que vous avancerez dans cette méthode.

 Exercices

10.3 Comment traduiriez-vous les phrases suivantes en portugais ?
   a Je vais au travail dans la voiture de mon ami(e).
   b Paulo va à l'hôpital en bus.
   c Ana prend le train de 14h30.
   d M. et Mme Costa vont en vacances en bateau.
   e Nous allons au cinéma par le bus de 19h15.
   f Voyages-tu en avion ?

10.4 Complétez les phrases avec l'impératif qui convient.
   a (comprar – singulier)   ... o carro!
   b (comer – pluriel)   ... as sardinhas!
   c (partir – pluriel)   ... hoje!
   d (viajar – singulier)   ... de comboio!

e	(falar – plural)	... menos rápido!
f	(beber – singular)	... o café!

Autoévaluation

Vous venez de terminer les dix premiers chapitres, ils vous ont permis d'acquérir les bases du portugais. Vous avez déjà couvert un grand nombre de points et, avant de les mettre en pratique dans les mises en situation de la deuxième partie de cette méthode, faites ce petit test de révision pour vous assurer que vous avez bien mémorisé ce que vous avez appris jusqu'ici.

Pouvez-vous :

a Demander à une personne comment elle s'appelle ?
b Dire : « enchanté(e) de vous connaître » ?
c Donner votre nationalité à quelqu'un et dire d'où vous êtes ?
d Dire que votre mari/femme parle portugais ?
e Demander à un couple où il habite ?
f Dire à vos amis où vous travaillez et ce que vous faites ?
g Dire quel âge vous avez ?
h Décrire une personne de votre famille ?
i Demander à une personne si elle aime le café ?
j Dire que vous préférez la France ?
k Décrire votre maison ?
l Dire où est votre canapé/table/armoire ?
m Demander quelle heure il est ?
n Décrire vos activités quotidiennes ?
o Demander à un couple s'il aime voyager ?
p Dire ce que vous aimez faire pendant votre temps libre.
q Demander à quelqu'un où il ou elle passe ses vacances ?
r Dire que votre famille et vous aimeriez visiter l'Espagne ?
s Demander à quelqu'un comment ça va au travail ?
t Compter jusqu'à un million ? !

Si vous avez obtenu sans problème une réponse correcte à 15 ou plus de ces exercices, **Parabéns!** Vous pouvez continuer et commencer le Chapitre 11. Si vous avez éprouvé quelque difficulté, peut-être vaut-il mieux reprendre les chapitres qui contiennent les points sur lesquels vous avez buté et refaire les exercices avant d'aborder la suite.

11

Viajar
Voyager

Dans ce chapitre, vous apprendrez à :
- vous renseigner sur les transports publics
- acheter des billets
- obtenir des informations à l'office du tourisme
- demander, comprendre et indiquer des directions

Avant de commencer

Voyager au Portugal par les transports publics est une option intéressante, économique, efficace et constitue un bon moyen de se familiariser avec le pays et ses habitants. Une fois que vous connaîtrez quelques phrases simples pour vous permettre de voyager, vous aurez l'assurance nécessaire pour aller et venir à votre aise.

Viajar

 Dialogues 1 à 5   CD2 piste 1

Lisez ou écoutez les petits dialogues ci-dessous.

No aeroporto *À l'aéroport*

| Senhor | Faz favor, há autocarros para o centro da cidade? |
| Informações | Há sim. A paragem é mesmo em frente à saída do aeroporto. Também pode apanhar um táxi. A praça de táxis é lá fora, à esquerda. |

No porto *Au port*

Senhora	Desculpe, a que horas parte o barco para a Madeira?
Senhor	Às dez e quinze.
Senhora	E a que horas chega?
Senhor	Às quatro menos vinte da manhã.

Na rua *Dans la rue (1)*

| Senhora | Faz favor, há uma estação de comboios aqui perto? |
| Senhor | Sim, a estação de caminhos-de-ferro é já ali, à esquerda. |

Na rua *Dans la rue (2)*

| Senhor | Onde param os autocarros para Lagos? |
| Senhora | A paragem dos autocarros para Lagos é ali, à direita. Também pode apanhar o autocarro na rodoviária, que é já ali depois da praça. |

Num táxi *Dans un taxi*

Turista	Para o hotel Vistamar, se faz favor.
Taxista	Muito bem.
Turista	Quanto é?
Taxista	São sete euros.

Viajar — VOCABULAIRE

(o) centro	(le) centre
(a) cidade	(la) ville
(a) paragem	(l')arrêt
mesmo em frente (a)	juste en face (de)
(a) saída	(la) sortie
(o) táxi	(le) taxi
(a) praça de táxis	(la) station de taxis
lá fora	dehors
à esquerda	à gauche, sur la gauche
(o) porto	(le) port
parte	(il) part
(o) barco	(le) bateau
(a) estação de comboios	(la) gare ferroviaire
(a) estação de caminhos-de-ferro	(la) gare de chemins de fer
aqui perto	près d'ici
já ali	juste là
param	(ils) s'arrêtent
à direita	à droite, sur la droite
apanhar	prendre (bus, train...)
(a) (estação da) rodoviária	(la) gare routière
para	à, pour
(o) hotel	(l')hôtel
quanto é?	c'est combien ?
são... euros	c'est... euros

Exercice

11.1 Comment traduiriez-vous les phrases suivantes en portugais ?

- **a** Y a-t-il des bus pour Lisbonne ?
- **b** L'arrêt de bus est là-bas à gauche.
- **c** La station de taxis est là sur la droite.
- **d** À quelle heure le train pour Faro part-il ?
- **e** À six heures et quart du soir.
- **f** À quelle heure le bateau arrive-t-il ?
- **g** Y a-t-il un aéroport près d'ici ?
- **h** La gare routière est là-bas, juste en face.
- **i** Au port, s'il vous plaît.

 **Dialogue 6** CD2 piste 1

Na estação *À la gare*

Ana veut prendre le train.

Ana	Bom dia. Queria um bilhete para o Porto, se faz favor.
Senhor	Quer de ida ou de ida e volta?
Ana	Ida e volta.
Senhor	Primeira ou segunda classe?
Ana	Segunda, se faz favor. A que horas é o próximo rápido?
Senhor	Há um comboio rápido directo às duas horas.
Ana	Qual é a linha?
Senhor	É a linha número quatro.
Ana	Obrigada.
Senhor	De nada, bom dia.

VOCABULAIRE

(o) bilhete	*(le) billet*
de ida/ida e volta	*aller simple/aller-retour*
primeira/segunda classe	*première/deuxième classe*
próximo/a	*prochain/e*
(o) (comboio) rápido (directo)	*(l')express*
qual?	*lequel ?/laquelle ?*
(a) linha	*(la) voie*
de nada	*de rien*

Les moyens de transport

Voyager au Portugal est abordable. **O Comboio rápido alfa pendular** (**o Alfa**) est le train le plus rapide et le plus luxueux qui relie quelques-unes des grandes villes du pays (du nord au sud : Braga, Porto, Coimbra, Lisboa, Faro). **O comboio rápido Intercidades** (**o Intercidade**) propose un autre service rapide entre les grandes villes, mais moins onéreux et luxueux que **o Alfa**. En plus des (**comboios**) **rápidos,** il existe des (**comboios**) **Inter-Regionais** et **regionais** qui desservent davantage de gares que les **rápidos**. Les **comboios urbanos** sont des trains qui font la navette entre le centre-ville et la banlieue.

O autocarro ou **a camioneta** (*le car*) sont également des moyens de transport bons marché. La **Rede** (**Nacional**) **de Expressos** offre un service reliant les villes principales. **Os expressos**, les cars effectuant des trajets longue distance, sont confortables et économiques.

Dans les **estações de comboios** comme dans les **estações rodoviárias** des brochures d'information sur les services proposés (**folhetos de informação**), des horaires (**horários**) et des listes de prix (**preços**) sont disponibles. On peut également consulter ces informations facilement sur Internet.

Exercice

CD2 piste 1

11.2 Complétez votre partie du dialogue en suivant les consignes. Vous trouverez les réponses sur l'enregistrement ou dans le **Corrigé des exercices**.

(Il est 15 heures)

a	**Vous**	*Dites : « Bonjour. J'aimerais deux billets pour Loulé, s'il vous plaît. »*
	Senhor	Quer de ida ou de ida e volta?
b	**Vous**	*Demandez un aller-retour.*
	Senhor	Primeira ou segunda classe?
c	**Vous**	*Dites : « Première. » Demandez quelle est la voie pour Loulé.*
	Senhor	É a linha número um.
d	**Vous**	*Demandez à quelle heure part le train.*
	Senhor	Às oito menos dez.
e	**Vous**	*Demandez à quelle heure il arrive.*
	Senhor	Às nove e vinte e cinco.
f	**Vous**	*Dites : « Merci. »*
	Senhor	De nada. Boa tarde.

Document

a Le billet à droite est-il un aller simple ou un aller-retour ?
b Le billet ci-dessous est-il de première ou deuxième classe ?

```
Caminhos-de-Ferro Portugueses

        TUNES
      ALCANTARILHA

Preço        2.ª classe      Inteiro
€ 5,85                       Adulto
```

```
EVA Turismo

BILHETE SIMPLES
N.º: 18005 J

Tarifa: Euros - 7,50

De: Braga
Para: Coimbra

Conserve este
bilhete

IVA INCLUÍDO
```

Dialogue 7

CD2 piste 1

No centro de turismo *À l'office de tourisme*

Un touriste prend des renseignements sur les logements à l'office de tourisme.

Turista	Tem uma lista dos hotéis da cidade?
Senhora	Aqui tem uma lista de hotéis, pensões e pousadas da

	juventude. Também há um parque de campismo nos arredores da cidade.
Turista	E tem um mapa da cidade?
Senhora	Temos este e um mapa da região.
Turista	E tem informações sobre a cidade, as lojas, as atracções...?
Senhora	Aqui tem.

VOCABULAIRE

(a) lista	(la) liste
(o) hotel (pluriel : hotéis)	(l')hôtel
(a) pensão (pluriel : pensões)	(la) pension
(a) pousada da juventude	(l')auberge de jeunesse
(o) parque de campismo	(le) terrain de camping
nos arredores	aux alentours
(o) mapa da cidade	(le) plan de la ville
(o) mapa da região	(la) carte de la région
(a) informação (pluriel : informações)	(l')information
(a) loja	(le) magasin
(a) atracção (pluriel : atracções)	(l')attraction

Lecture

CD2 piste 1

L'extrait suivant est tiré d'une brochure disponible à l'office de tourisme.

Albufeira
Típica cidade de pescadores. Ambiente jovem. Praias entre rochedos e falésias de cor vermelha.

Armação de Pêra
Areal extenso. Próximo de pequenas praias tranquilas. Centro turístico.

Gastronomia
Deliciosos pratos de peixe e marisco. Destaque especial para as suculentas cataplanas e as sardinhas assadas. Doces de amêndoa e figo. Cozinha internacional de qualidade.

Quinta do Lago
Complexo turístico. Lago artificial. Extenso areal. Campo de golfe.

Silves
Capital do Algarve durante a ocupação árabe e até ao século XVI. Interessante castelo e catedral gótica.

Vinho
O solo algarvio, aquecido pelo sol, produz vinhos brancos e tintos aveludados. O vinho de Lagoa já ganhou renome mundial.

Viajar

VOCABULAIRE

típico/a	*typique*
pescadores (o/a pescador(a))	*pêcheurs (le/la pêcheur/se)*
(o) ambiente	*(l')ambiance*
jovem	*jeune*
(o) rochedo	*(le) rocher*
(a) falésia	*(la) falaise*
de cor vermelha	*rouge*
(o) areal extenso	*(la) vaste étendue de plages*
próximo/a	*proche*
tranquilo/a	*tranquille*
(o) prato	*(le) plat*
(o) destaque especial para	*(la) mention particulière pour*
suculento/a	*succulent(e)*
(a) cataplana	*(la) cataplana (plat à base de fruits de mer, jambon fumé, poivrons et oignons mijotés dans une casserole en cuivre)*
assado/a	*grillé(e)*
(o) doce de amêndoa e figo	*(la) pâte d'amande/de figue*
(o) lago artificial	*(le) lac artificiel*
durante	*pendant*
(a) ocupação árabe	*(l')occupation arabe*
(o) século	*(le) siècle*
(o) castelo	*(le) château*
(a) catedral	*(la) cathédrale*
gótico/a	*gothique*
(o) solo algarvio	*(le) sol de l'Algarve*
aquecido/a pelo sol	*réchauffé(e) par le soleil*
produz	*(elle) produit*
aveludado/a	*velouté(e)*
já ganhou renome internacional	*a déjà acquis une renommée internationale*

 Exercice

11.3 Pouvez-vous répondre aux questions qui se rapportent au **folheto** ?
 a Armação de Pêra é um local bom para os turistas?
 b O que há em Silves?
 c Qual é a comida típica do Algarve?
 d Onde se pode jogar golfe?
 e O Algarve produz vinho verde?
 f Que tipo de cidade é Albufeira?

Dialogues 8 à 10

CD2 piste 1

Lisez ou écoutez les dialogues suivants tout en consultant le plan du centre ville.

À porta do centro de turismo *Devant l'office de tourisme*

Senhor Faz favor, onde fica a estação de caminhos-de-ferro?
Transeunte O senhor vira aqui à esquerda, toma a segunda rua à direita, segue sempre em frente, e a estação fica à esquerda.

Na praça *Sur la place*

Senhora Desculpe, sabe onde fica o banco?
Senhor Sei sim. É muito perto daqui. Siga sempre em frente até aos correios e depois vire à esquerda. O banco é mesmo aí na esquina.

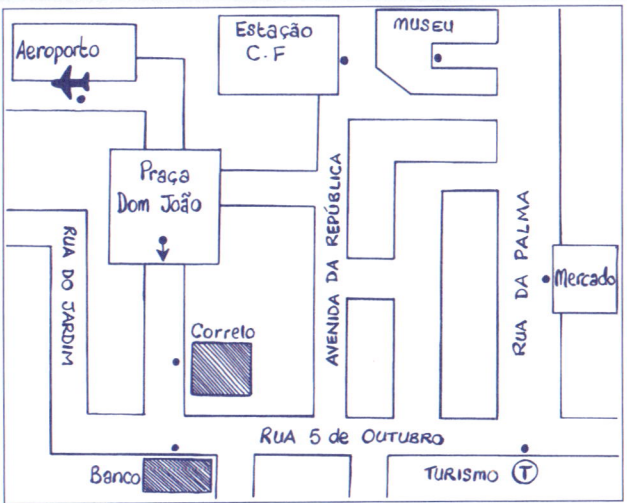

No mercado *Au marché*

Isabel Nuno, tu sabes onde fica o museu?
Nuno Sei. É muito fácil. Lá fora, à saída do mercado, vira à direita e segue sempre em frente. Depois, toma a terceira rua à esquerda e o museu fica mesmo em frente.

Viajar — 11

VOCABULAIRE

(onde) fica	*(où) est*
vire ; vira	*tournez ; tourne*
toma	*prends*
(a) rua	*(la) rue*
segue/siga	*continue/continuez tout droit*
(sempre) em frente	
perto (daqui)	*près d'ici*
até	*jusqu'à*
(os) correios	*(la) poste*
aí	*là ; là-bas*
(a) esquina	*(le) coin*
sabe ; sabes	*(vous) savez ; tu sais*
(o) museu	*(le) musée*
fácil	*facile*

Grammaire

1) Indiquer des directions

Les principaux verbes utilisés pour indiquer des directions sont **tomar** (*prendre*), **virar** (*tourner*), **seguir** (*suivre, continuer*) et **ir** (*aller*).

Toma a segunda rua.   *Prends la deuxième rue.*
Vire aqui à esquerda.   *Tournez ici à gauche.*

Tout comme en français, l'impératif change selon qu'on tutoie ou vouvoie quelqu'un :

Formule très polie	Vouvoiement	Tutoiement
	toma	**tome**
o senhor	**vira**	**vire**
a senhora	**segue**	**siga**
	vai	**vá**

Les formes des deux dernières colonnes correspondent à l'impératif.

2) Le pluriel

Comme vous l'avez appris dans les chapitres précédents, en portugais on forme généralement le pluriel des mots en leur ajoutant un **-s** *:*

a avenida, as avenidas   *l'avenue, les avenues*
a mãe, as mães   *la mère, les mères*

Cependant, vous avez certainement aussi constaté que certains noms et adjectifs ne suivent pas cette règle :

- Les mots qui se terminent par **-r**, **-s** ou **-z** forment le pluriel en ajoutant **-es** :
  - **o pescador, os pescadores** — le pêcheur, les pêcheurs
  - **o país, os países** — le pays, les pays
  - **a vez, as vezes** — la fois, les fois

- Le pluriel des mots qui se terminent par **-ês** est **-eses** :
  - **português, portugueses** — portugais, portugais
  - **o mês, os meses** — le mois, les mois

- Les mots qui se terminent par **-m** forment leur pluriel en **-ns** :
  - **bom, bons** — bon, bons
  - **a viagem, as viagens** — le voyage, les voyages

- Les mots qui se terminent par **-l** forment leur pluriel de la façon suivante :
  - **o jornal, os jornais** — le journal, les journaux
  - **o hotel, os hoteis** — l'hôtel, les hôtels
  - **espanhol, espanhois** — espagnol, espagnols
  - **infantil, infantis** — enfantin, enfantins

- Lorsque l'accent tonique n'est pas sur la dernière syllabe, le pluriel est formé comme suit :
  - **agradável, agradáveis** — agréable, agréables
  - **o réptil, os répteis** — le reptile, les reptiles

- Les mots qui se terminent par **-ão**, selon le cas, peuvent former leur pluriel de trois façons différentes :
  - **a mão, as mãos** — la main, les mains
  - **alemão, alemães** — allemand, allemands
  - **a pensão, as pensões** — la pension, les pensions

Exercices

11.4 Consultez de nouveau le plan page 105 puis essayez de donner la direction (en utilisant le vouvoiement) des endroits suivants. (Imaginez pour chaque cas que vous tournez le dos au point de départ.) :

  a du centro de turismo au banco
  b des correios au mercado
  c du museu à la estação
  d de l'aeroporto au centro de turismo

11.5 À présent faites le contraire, suivez les directions ci-dessous pour découvrir où cela vous mène.

a Partez du **museu** :
Siga em frente e vire à direita. Depois vá em frente e o ... fica à esquerda.

b Partez du **banco** :
À saída vire à direita, tome a primeira rua à esquerda e siga sempre em frente, até à ... que fica à esquerda.

c Partez de la **estação** :
Vire à direita e vá sempre em frente. Tome a segunda rua à esquerda. Depois siga em frente e o ... fica à direita.

12

Na cidade
En ville

Dans ce chapitre, vous apprendrez à :
- changer de l'argent
- acheter des timbres et passer des coups de téléphone
- reconnaître des pancartes
- trouver des toilettes au Portugal

Avant de commencer

Ce chapitre contient beaucoup de nombres et vous allez pouvoir vous exercer. Il serait peut-être utile de reprendre les Chapitres 3, 7, 9 et 10 pour vous les remémorer...

 Dialogue 1

CD2 piste 2

No banco *À la banque*

Une cliente entre à la banque pour changer de l'argent.

Senhora	Bom dia. Posso trocar cheques de viagem?
Senhor	Claro. Quanto quer trocar?
Senhora	Tenho cinco cheques de vinte francos suíços cada.
Senhor	Portanto, cem francos suíços. Tem documentos – passaporte?
Senhora	Aqui está.
Senhor	E qual é a sua morada aqui em Portugal?
Senhora	É o Hotel Dom Luís, Rua 5 de Outubro, Albufeira.
Senhor	Faz favor de assinar os cheques. Obrigado. Agora, pode ir à caixa.

VOCABULAIRE

trocar	*changer*
(o) cheque de viagem	*(le) chèque de voyage*
quanto...?	*combien... ?*
(o) franco suíço	*(le) franc suisse*
cada	*chaque*
portanto	*alors*
(o) passaporte	*(le) passeport*
(a) morada	*(l')adresse*
faz favor de…	*veuillez… s'il vous plaît*
assinar	*signer*
(a) caixa	*(la) caisse*

La banque

On trouve des banques partout au Portugal, et les distributeurs automatiques s'appellent **Multibanco**. Cependant, comme dans certains magasins, il arrive parfois que les **Multibanco** n'acceptent pas les cartes bancaires étrangères. Il est préférable d'avoir toujours un peu d'argent liquide sur vous, bien que les cartes de crédit soient généralement acceptées sans problème. À l'intérieur de la banque la pancarte **câmbio** indique le guichet où vous pouvez effectuer vos opérations de change. Il se peut que l'on vous remette un jeton (**a chapa**) que vous devrez donner à **a caixa** (*la caisse*) avant de patienter jusqu'à ce qu'on appelle votre numéro et que l'on s'occupe de vous.

 Dialogue 2

CD2 piste 2

Nos correios *À la poste*

Sandra va à la poste pour acheter des timbres.

Sandra	Olá. Queria oito selos para a França e dois para a Suíça, se faz favor.
Senhora	São para cartas ou postais?
Sandra	Três cartas e sete postais.
Senhora	Bom, são seis euros ao todo.
Sandra	Também queria fazer uma chamada.
Senhora	Pode ir à cabine um.
Sandra	Obrigada.

VOCABULAIRE

(o) selo	*(le) timbre*
(a) carta	*(la) lettre*
(o) postal (pluriel : postais)	*(la) carte postale*
ao todo	*en tout*
fazer uma chamada	*passer un coup de téléphone*
(a) cabine	*(la) cabine téléphonique*

Exercice

12.1 Reliez les questions aux réponses.

- i   Qual é a sua morada aqui em Portugal?
- ii Para cartas ou postais?
- iii Quanto quer trocar?
- iv Posso trocar cheques de viagem?
- v   Tem passaporte?

- a   Tenho três cheques de vinte francos suíços.
- b   Hotel Sol, Praça São João, Loulé.
- c   Claro. Quanto quer trocar?
- d   Para cinco cartas.
- e   Aqui está.

Téléphoner

Passer des coups de téléphone au Portugal peut se révéler très cher, le coût des appels depuis l'hôtel ou la poste étant souvent élevé. La meilleure chose à faire si vous souhaitez téléphoner à l'étranger est de le faire depuis une cabine téléphonique (**uma cabine telefónica**). Beaucoup fonctionnent avec une carte (**um cartão telefónico**) que l'on peut acheter à la poste, ainsi que dans les boutiques spécialisées dans la vente d'accessoires de téléphones portables et certains kiosques à journaux.

🌐 Les pancartes

Pouvez-vous deviner la signification française des pancartes et panneaux suivants ? (Vous trouverez les réponses dans le Corrigé des exercices).

a | PARA CRIANÇAS
b | NÃO FUMAR
c | PROIBIDO ESTACIONAR
d | ABERTO DAS 10:00 ÀS 12:00
e | PERIGO
f | SAÍDA DE EMERGÊNCIA
g | ENTRADA PROIBIDA
h | FECHADO

Document

Lisez la pancarte ci-dessous puis répondez aux questions qui s'y rapportent.

> Proibido estacionar entre as 13:00 e as 15:00 horas.
>
> Saída de Emergência
> Lojas Primavera.

a   Qu'est-ce que la pancarte interdit de faire ?
b   Pourquoi ?

🌐 Les toilettes

Au cas où vous auriez du mal à trouver des toilettes, il est assez courant d'utiliser celles d'un bar, d'un café ou même d'un hôtel. On les désigne sous plusieurs noms :

(a) casa-de-banho	*(la) salle de bains*	**(o) WC**	*(le) W.C.*
(as) casas-de-banho públicas	*(les) toilettes publiques*	**(a) retrete**	*(les) toilettes*
(os) lavabos	*(les) cabinets*	**(os) sanitários**	*(les) sanitaires*

Exercice

12.2 Trouvez les mots manquants dans les phrases ci-dessous, puis insérez-les dans la grille de mots croisés.

1. Duzentos francos ... .
2. Tem ...?
3. Qual é a sua ... em Portugal?
4. Sete ... para Espanha, por favor.
5. Posso ... cheques de viagem?
6. Quer ... os cheques?
7. Para ... ou postais?
8. Pode ir à ... .

13

Ir às compras
Faire les courses

Dans ce chapitre, vous apprendrez à :
- acheter des produits au marché et à l'épicerie
- connaître le vocabulaire de la gastronomie
- vous faire comprendre dans les magasins
- acheter des vêtements

Avant de commencer

Faire ses courses peut être l'occasion d'apprendre du vocabulaire et constituer une expérience divertissante, surtout si on va au marché (**o mercado**) pour acheter des produits frais, ou si on marchande dans les foires (**as feiras**). De plus en plus de chaînes de supermarchés (**os supermercados**) se sont développées au Portugal, ainsi que des centres commerciaux (**os centros comerciais**), des hypermarchés (**hipermercados**), et, dans la plupart des villes, des **minimercados**. Mais pour pratiquer le portugais, il n'y a rien de tel que de s'aventurer dans les petites boutiques (**as lojas**), où l'on a un contact direct avec les Portugais. Allez, **vamos às compras!**

Dialogue 1

CD2 piste 3

No mercado *Au marché*

Madame Silva va au marché acheter des fruits et légumes.

Senhora Silva	Bom dia, minha senhora. Tem laranjas hoje?
Vendedora	Tenho, sim. Quantas quer?
Senhora Silva	Dê-me dois quilos se faz favor. E há cenouras?
Vendedora	Há, sim.
Senhora Silva	Bom, pois quero meio quilo.
Vendedora	Que mais?
Senhora Silva	Também queria umas pêras. São boas?
Vendedora	São boas, mas estão um pouco maduras.
Senhora Silva	Ah, maduras não quero. Está bem, então é tudo.

VOCABULAIRE

(a) laranja	(l')orange	meio quilo	500 grammes (littéralement un demi kilo)
quantas?	combien ?	que mais?	autre chose ? (littéralement quoi d'autre)
dê-me	donnez-moi	(a) pêra	(la) poire
(o) quilo	(le) kilo	maduro/a	mûr(e)
(a) cenoura	(la) carotte	é tudo	ce sera tout (littéralement c'est tout)

Grammaire

1) Au marché

Pour vous aider à faire vos courses au marché, vous trouverez dans le tableau ci-contre une liste utile de mots de vocabulaire.

Ir às compras

VOCABULAIRE

Os legumes	*Les légumes*	**As frutas**	*Les fruits*
(a) alface	*(la) laitue*	**(a) melancia**	*(la) pastèque*
(a) couve	*(le) chou*	**(a) ameixa**	*(la) prune*
(a) salsa	*(le) persil*	**(a) banana**	*(la) banane*
(a) batata	*(la) pomme de terre*	**(a) cereja**	*(la) cerise*
(a) cebola	*(l')oignon*	**(a) maçã**	*(la) pomme*
(o) agrião	*(le) cresson*	**(a) nêspera**	*(la) nèfle*
(o) alho-porro/francês	*(le) poireau*	**(a) tangerina**	*(la) clémentine*
(o) repolho	*(le) chou*	**(o) ananás**	*(l')ananas*
(o) coentro	*(la) coriandre*	**(o) limão**	*(le) citron*
(o) cogumelo	*(le) champignon*	**(o) melão**	*(le) melon*
(o) pimento	*(le) poivron*	**(o) morango**	*(la) fraise*
(o) tomate	*(la) tomate*	**(o) pêssego**	*(la) pêche*
O peixe	*Le poisson*	**A carne**	*La viande*
(a) cavala	*(le) maquereau*	**(a) codorniz**	*(la) caille*
(a) lampreia	*(la) lamproie*	**(as) tripas**	*(les) tripes*
(a) pescada	*(le) merlu*	**(o) borrego/ cordeiro**	*(l')agneau*
(a) sardinha	*(la) sardine*	**(o) cabrito**	*(le) chevreau*
(a) lula	*(le) calmar*	**(o) coelho**	*(le) lapin*
(o) atum	*(le) thon*	**(o) fígado**	*(le) foie*
(o) bacalhau	*(la) morue*	**(o) frango**	*(le) poulet*
(o) camarão	*(la) crevette*	**(o) javali**	*(le) sanglier*
(o) carapau	*(le) chinchard*	**(o) leitão**	*(le) cochon de lait*
(o) espadarte	*(l')espadon*	**(o) pato**	*(le) canard*
(o) linguado	*(la) sole*	**(o) peru**	*(la) dinde*
(o) marisco	*(les) fruits de mer*	**(a) carne de porco**	*(la) viande de porc*
(o) peixe-espada	*(le) sabre*	**(a) carne de vaca**	*(la) viande de bœuf*
(o) polvo	*(le) poulpe*	**(a) carne de vitela/ novilho**	*(la) viande de veau*

En ce qui concerne la viande, le nom des différents morceaux peut également vous être utile :

VOCABULAIRE

(a) costeleta	*(la) côtelette*
(o) escalope	*(l')escalope*
(o) entrecosto	*(l')entrecôte*
(a) fatia	*(la) tranche*
(o) quarto	*(le) rôti*
(a) asa	*(l')aile*
(a) coxa	*(la) cuisse*

Ainsi que les poids :

(o) quilo (de)	*(le) kilo (de)*	**250 gramas de**	*250 grammes de*
meio quilo de	*500 grammes de*	**100 gramas de**	*100 grammes de*

Mots cachés

Pouvez-vous retrouver dans cette grille les noms de 10 produits frais ?

```
M E L A N C I A A B
C U A P A R A C D E
F G E I H I J K S L
M R N M M P Q A R J
A S R E P O L H O A
N T U N V U W X Y V
A Z A T L B C D E A
N F G O J K L M N L
A H A J N A R A L I
B E S P A D A R T E
```

Dialogue 2

CD2 piste 3

Na mercearia *À l'épicerie*

Lisez le dialogue suivant entre l'épicier et la cliente.

Freguesa	Boa tarde senhor Maurício, como está?
Senhor Maurício	Bem, obrigado. E a senhora?
Freguesa	Estou bem. Olhe, preciso de comprar algumas coisas.
Senhor Maurício	Então, diga lá.
Freguesa	Quero meia dúzia de ovos, um litro de leite magro, um pacote de manteiga e uma garrafa de azeite.
Senhor Maurício	O azeite só temos desta qualidade; o mais barato acabou-se ontem.
Freguesa	Não faz mal. Levo este. Tem fiambre?
Senhor Maurício	Temos este, que é muito bom, e também temos este presunto aqui.
Freguesa	Pode cortar-me cinco fatias do presunto? E quanto é aquele queijo lá ao fundo?
Senhor Maurício	Aquele queijo da Serra custa sete euros e cinquenta o quilo.

Freguesa	Então, dê-me trezentos gramas por favor.
Senhor Maurício	Mais alguma coisa?
Freguesa	É só. Obrigada. Quanto é?
Senhor Maurício	Ora bem, são vinte e cinco ao todo.

VOCABULAIRE

(o/a) freguês/esa	*(le/la) client(e)*
olhe	*écoutez (littéralement regardez)*
preciso de	*j'ai besoin de*
comprar	*acheter*
algumas coisas	*quelques choses*
diga lá	*dites-moi*
meia dúzia	*une demi-douzaine*
(o) ovo	*(l')œuf*
(o) litro	*(le) litre*
(o) leite (magro)	*(le) lait (écrémé)*
(o) pacote	*(la) barquette/(le) paquet*
(a) manteiga	*(le) beurre*
(a) garrafa	*(la) bouteille*
(o) azeite	*(l')huile*
(a) qualidade	*(la) qualité*
o mais barato	*le moins cher*
acabou-se	*épuisé(e) (littéralement il s'est terminé)*
ontem	*hier*
não faz mal	*ce n'est pas grave/c'est très bien*
levo	*je prends*
(o) fiambre	*(le) jambon blanc*
cortar-me	*me couper*
(o) presunto	*(le) jambon*
(o) queijo (da Serra)	*(le) fromage (de la Serra)*
ao fundo	*au fond*
custa	*ça coûte*
mais alguma coisa?	*désirez-vous autre chose ?*

Grammaire

2) À l'épicerie

La liste suivante contient d'autres articles de consommation quotidienne que vous pouvez vous procurer à l'épicerie :

(a) água	*(l')eau*
(a) geleia	*(la) gelée de fruits*
(a) mostarda	*(la) moutarde*

(a) pasta de dentes	*(le) dentifrice*
(a) azeitona	*(l')olive*
(a) bolacha	*(le) biscuit*
(as) ervilhas	*(les) petits pois*
(o) bolo	*(le) gâteau*
(o) mel	*(le) miel*
(o) milho doce	*(le) maïs*
(o) pão (de forma)	*(le) pain de mie*
(o) papel higiénico	*(le) papier hygiénique*
(a) barra sabão	*(le) savon*
(os) fósforos	*(les) allumettes*

Vous trouverez dans la liste suivante différents types de contenants :

(a) caixa de	*(la) boîte de*	(o) frasco	*(le) bocal*
(a) garrafa	*(la) bouteille*	(o) garrafão	*(la) bonbonne*
(a) lata	*(la) boîte de conserve/(la) canette*	(a) barra	*(le) pain (ex. : de savon)*
(o) pacote	*(le) paquet/(la) barquette*	(o) tubo	*(le) tube*
(o) rolo	*(le) rouleau*		

Exercice

13.1 La liste de courses d'Alice est sens dessus dessous, et elle ne sait plus quelle quantité acheter de chaque article. Pouvez-vous l'aider à remettre les choses en ordre ?

a	um quilo de	presunto
b	3 costeletas de	água
c	6 fatias de	cenouras
d	um pacote de	bolachas
e	2 caixas de	pasta de dentes
f	uma garrafa de	porco
g	um tubo de	fósforos
h	uma dúzia de	ovos

13 Document

Élise voulait acheter du thon.
L'a-t-elle fait ?

```
    SUPERMERCADO SILVA
  LARGO DE SANTA MARIA, 26
 7645 VILA NOVA MILFONTES
    CONT. N.801661528

C    1      SCONTR   367
                     EUROS
AGUA CRUZE    17%     0,37
ATUM CALVO    17%     0,55
      2     x0,40
IOG. PEDAC.   17%     0,80
PLANTA 250    17%     1,67
** TOTAL **           3,39
NUMERARIO             5,00
TROCO                 1,61

CAIXA    3   UNID     5
          OBRIGADO

   07-08-2003       17:05
```

Lecture

CD2 piste 3

Lisez ou écoutez ce passage qui traite de l'achat de vêtements.

Em Portugal há vários lugares onde se pode comprar roupa: nas feiras, nos centros comerciais e nas casas de moda. O vestuário e os sapatos portugueses são muito elegantes. Na Casa de Modas Silvana pode-se comprar não só roupa para homem (casacos, calças, camisas, gravatas, fatos) e para mulher (vestidos, blusas, saias, conjuntos), como também calçado: sapatos, sandálias e botas na moda. Há roupa de vários estilos, cores, padrões e tamanhos. A senhora Ferreira quer comprar uma blusa. Ela encontra um modelo de que gosta e pergunta se pode experimentar. Quando sai da cabine de provas pergunta se há a mesma blusa num tamanho maior e em verde. Ela não gosta muito da azul. Há muitas cores: vermelho, amarelo, rosa, branco, preto e laranja, além de azul-claro e verde-escuro. A senhora Ferreira escolhe uma blusa em preto, depois experimenta um par de sapatos de salto alto, de cabedal. Ela calça o número 39, e os sapatos servem-lhe perfeitamente.

VOCABULAIRE

(o) lugar (pluriel : lugares)	(l')endroit
(a) casa de moda	(le) magasin de vêtements
(o) vestuário	les vêtements
(o) sapato	(la) chaussure
não só... como também	non seulement… mais aussi
(a) roupa para homem/mulher	(les) vêtements pour hommes/femmes
(o) casaco	(la) veste
(as) calças	(le) pantalon

(a) camisa	(la) chemise
(a) gravata	(la) cravate
(o) fato	(le) costume
(o) vestido	(la) robe
(a) blusa	(le) chemisier
(a) saia	(la) jupe
(o) conjunto	(l')ensemble
(o) calçado	(la) chaussure
(a) sandália	(la) sandale
(a) bota	(la) botte
na moda	à la mode
(o) estilo	(le) style
(o) padrão	(l')imprimé
(a) cor (pluriel : cores)	(la) couleur
(o) tamanho	(la) taille
encontra	(elle) trouve
(o) modelo	(le) modèle
experimentar	essayer
sai	(elle) sort
(a) cabine de provas	(la) cabine d'essayage
pergunta	(elle) demande
o mesmo/a mesma	le/la même
maior	plus grand(e)
em verde	en vert
azul	bleu
vermelho/a	rouge
amarelo/a	jaune
rosa	rose
branco/a	blanc/blanche
preto/a	noir(e)
laranja	orange
além de	en plus de
azul-claro	bleu clair
verde-escuro	vert foncé
escolhe	(elle) choisit
experimenta	(elle) essaye
(o) par	(la) paire
de salto alto	à talon haut
de cabedal	en cuir
calça o número 39	(elle) chausse du 39 (littéralement le numéro 39)
servem-lhe perfeitamente	(elles) lui vont parfaitement

Exercices

13.2 Pouvez-vous répondre aux questions suivantes basées sur le passage de **Lecture** ?

   a   Onde se pode comprar roupa em Portugal?
   b   Os sapatos portugueses são elegantes?
   c   Pode-se comprar roupa para criança na Casa Silvana?
   d   O que quer comprar a senhora Ferreira?
   e   De que cor é a blusa que ela experimenta?
   f   Ela escolhe que cor?
   g   Que tipo de sapatos experimenta?
   h   Ela gosta ou não?

13.3 Complétez votre partie du dialogue en suivant les consignes. Vous trouverez les réponses sur l'enregistrement ou dans le **Corrigé des exercices**.

CD2 piste 3

Senhor Renato	Bom dia!
a **Vous**	*Dites : « Bonjour. Je voudrais un litre de lait et un pain de mie. »*
Senhor Renato	Só temos este pão.
b **Vous**	*Dites que c'est très bien, que vous en prenez un. Demandez-lui s'il a du jambon sec.*
Senhor Renato	Sim, temos este, que é bom.
c **Vous**	*Demandez-lui : « Pouvez-vous alors m'en couper six tranches, s'il vous plaît ? »*
Senhor Renato	Que mais?
d **Vous**	*Dites que vous voulez aussi une boîte d'olives et un savon.*
Senhor Renato	Mais?
e **Vous**	*Dites que ce sera tout, merci. Demandez-lui combien cela fait.*

14

Comer fora
Manger à l'extérieur

Dans ce chapitre, vous apprendrez à :
- commander un repas dans un café ou un restaurant
- connaître les différentes boissons du Portugal
- comprendre les menus

14

🗨 Dialogue 1

CD2 piste 4

Na pastelaria *Au salon de thé*

O Paulo e os amigos entram na pastelaria Suíça. *Paulo et ses amis entrent dans le salon de thé Suíça.*

Empregada	Boa tarde, que desejam?
Paulo	Pois, para mim, um galão e um pastel de bacalhau.
Nuno	Eu queria uma bica e uma sandes de queijo.
Empregada	E para a menina?
Maria	Tem pastéis de nata?
Empregada	Temos, sim.
Maria	Então, dê-me dois, se faz favor.
Empregada	E para beber?
Maria	Um sumo de laranja.
Empregada	Mais alguma coisa?
Paulo	Pode ser também uma água mineral sem gás.
Empregada	Fresca ou natural?
Paulo	Fresca. Obrigado.
Empregada	Muito bem.

VOCABULAIRE

(a) pastelaria	*(le) salon de thé*
(o) galão	*(le) café au lait*
(o) pastel de bacalhau	*(l')accra de morue*
(a) bica	*(le) café noir*
(a) sandes	*(le) sandwich*
(o) pastel de nata (pluriel : **pastéis**)	*(le) gâteau à la crème*
(o) sumo de laranja	*(le) jus d'orange*
mais alguma coisa?	*désirez-vous autre chose ?*
com	*avec*
sem	*sans*
fresco/a	*frais/fraîche*
natural	*à température ambiante*

🌐 Café *Le café*

On trouve une grande variété de boissons à base de café au Portugal : du petit café noir au grand café au lait en passant par un bon nombre d'intermédiaires. Pour que l'on vous serve du café frais demandez un **café « de máquina »**. Vous trouverez dans l'encadré suivant une liste des cafés les plus courants.

VOCABULAIRE

(a) bica/(o) café/ (o) cimbalino	*(le) café (expresso)*
(a) bica curta/ (a) italiana	*(le) café serré (très fort)*
(a) bica cheia	*(le) café allongé*
(o) carioca	*(le) café (très) allongé*
(o) garoto	*(le) café noisette*
(o) pingado/(o) pingo	*(le) café avec une goutte de lait*
(o) café com leite/ (a) meia de leite	*(le) café au lait (même proportion de café et de lait)*
(o) galão	*(le) café servi dans un verre que l'on remplit de lait*

Comer fora

Exercice

14.1 Le serveur revient à la table avec un plateau de boissons et d'en-cas, mais il a oublié qui a commandé quoi. Pouvez-vous l'aider ?

3 bicas	1 pingado	1 galão
1 sandes de queijo	4 pastéis de bacalhau	5 pastéis de nata
3 sandes de fiambre		

14 Pouvez-vous donner en portugais la commande de chacun ?

    a Paulo veut un café, un sandwich au jambon et un gâteau à la crème.
    b Nuno veut un café au lait dans un verre, un sandwich au fromage, un accra de morue et un gâteau à la crème.
    c Ana veut un café, un sandwich au jambon et deux accras de morue.
    d Maria veut un café avec une goutte de lait, un sandwich au jambon et deux gâteaux à la crème.
    e Miguel veut un café, un accra de morue et un gâteau à la crème.

 Dialogue 2   

Na pizzaria *À la pizzeria*

O Nuno e o Miguel estão com pressa e querem comer alguma coisa rápida.
Nuno et Miguel sont pressés et veulent manger quelque chose rapidement.

Nuno	Então, o que vais escolher?
Miguel	Bom, para mim, acho que quero uma pizza Romana, com uma dose de batatas fritas.
Nuno	Tens muita fome! Eu só quero uma pizza Frango, e mais nada.

Miguel	Não bebes nada?
Nuno	Vou pedir uma Pepsi. E tu, o que queres?
Miguel	Pois, eu também quero um refrigerante. Talvez uma 7 Up.
Nuno	Está bom, então vamos pedir, se não, vamos chegar atrasados ao cinema.
Empregada	Façam favor?
Miguel	É uma pizza Romana com batatas fritas, uma pizza Frango, uma Pepsi e uma 7 Up, se faz favor.
Empregada	É para levar ou vão comer aqui dentro?
Miguel	É para comer aqui. Obrigado.

14

Comer fora

VOCABULAIRE

acho que	*je trouve que*
uma dose	*une portion*
(a) fome	*(la) faim*
e mais nada	*et c'est tout* (littéralement *rien d'autre*)
(o) refrigerante	*(le) soda*
pedir	*commander*
para levar	*à emporter*

Exercices

14.2 Lisez le menu de la pizzeria Banner's **page 126.** Quelle pizza choisiriez-vous si vous vouliez les ingrédients ou les plats suivants ?

  a poulet/champignons/olives
  b ananas/jambon blanc
  c une pizza avec de la laitue
  d une pizza avec un œuf et des champignons
  e une pizza avec des crevettes

14.3 Maintenant, répondez aux questions **a-c** en français, et faites des phrases en portugais pour **d-j**.

  a Quand Banner's est-il ouvert ?
  b De quelle heure à quelle heure ?
  c Accorde-t-il des réductions ?
  d Demandez à votre ami(e) ce qu'il/elle prend.
  e Dites que vous pensez que vous voulez une pizza au poulet.
  f Dites à votre ami(e) qu'il/elle a très faim !
  g Demandez à votre ami(e) s'il/elle ne boit rien.
  h Dites que vous prendrez une limonade.
  i Demandez à votre ami(e) s'il/elle veut un soda.
  j Dites que vous voulez une portion de frites.

Sortir manger et prendre un verre

Le Portugal regorge d'endroits où vous pouvez manger et prendre un verre. Si vous souhaitez manger sur le pouce, allez dans un café, ou encore dans une **pastelaria** où les gâteaux abondent. Pour un vrai repas allez dans un **restaurante** ; certains sont classés selon un système d'étoiles. Les **tascas** sont plus abordables, mais elles étaient jusqu'à il y a peu fréquentées uniquement par des hommes. Le vin y est servi directement au tonneau. Renseignez-vous pour savoir s'il existe des **tascas** de bonne réputation dans la ville où vous séjournez, vous découvrirez peut-être ainsi de vrais perles.

Les boissons

Les bières (**cerveja**) ressemblent aux bières blondes que l'on trouve en France. Demandez **um fino** ou **uma imperial** pour une pression et **uma caneca** pour une chope. Si vous avez très soif vous pouvez même demander **uma girafa** : une chope d'un litre... Par ailleurs, le vin est bon marché au Portugal et surtout d'excellente qualité.

VOCABULAIRE

o vinho branco	*le vin blanc*
o vinho tinto	*le vin rouge*
o vinho verde	*le vin « vert »*
o vinho moscatel	*le muscat*
o vinho rosé	*le rosé*
o vinho espumante/espumoso	*le vin mousseux*
o vinho do Porto	*le porto*

Document

Quelles boissons ces personnes ont-elles bues avec leur repas ?

```
RESTAURANTE   Floresta
      CAFÉ
 CERVEJARIA   da Cidade
      Contribuinte n.º 805 595 570
Travessa Poço da Cidade, 10-12 – 1200 Lisboa
         Telef. 21 346 06 21

           TALÃO DE MEAS
```

Couvert	€ 3,25
Aperitivos	2,70
Sopa	
Peixe	13,20
Carne	
Marisco	
Pão	1,00
Vinho	6,45
Águas	1,40
Regrigerantes	
Cerveja	

Lecture

CD2 piste 4

A comida portuguesa *La nourriture portugaise*

Lisez ou écoutez ce passage qui parle de la gastronomie portugaise.

A comida portuguesa é muito variada e deliciosa. Cada região tem os seus próprios pratos típicos como, por exemplo, as tripas no Porto; a carne de porco à Alentejana, no Alentejo; e em Trás-os-Montes, a feijoada. Os portugueses comem muito peixe, como as sardinhas (assadas) e o bacalhau – dizem que existem 365 receitas de bacalhau, uma para cada dia do ano! Come-se bastante marisco, em pratos como arroz de marisco e açorda de marisco. As sopas portuguesas são realmente uma delícia, espessas e muito saudáveis. Experimente o caldo verde. Come-se sempre pão às refeições, caseiro e muito bom. Usa-se muito alho e azeite na cozinha portuguesa e muito sal – e é por isso que é aconselhável beber bastante água. Os portugueses adoram doces e sobremesas, tais como pudim flan, mousse de chocolate, e outros com nomes estranhos, como papos de anjo, feitos com muitos ovos e açúcar e que acabam com a dieta!

O vinho é especialmente bom. Há várias regiões que produzem vinho de alta qualidade.

O Douro: a região do vinho do Porto, tanto branco como tinto, e do vinho verde.

Lisboa: sobretudo, em Colares, um bom tinto.

Setúbal: o vinho doce, para sobremesa.

O Alentejo: pequenas cidades como Borba, Redondo, produzem excelentes tintos de preço baixo.

VOCABULAIRE

(a) comida	*(la) nourriture, cuisine*
cada	*chaque*
os seus próprios/as suas próprias	*leurs propres*
(as) tripas	*(les) tripes*
(a) carne de porco à Alentejana	*viande de porc et palourdes (littéralement porc à la mode de l'Alentejo)*
(a) feijoada	*ragoût de porc et de haricots*
(a) açorda de marisco	*plat à base de mie de pain et de fruits de mer*
espesso/a	*épais(se)*
saudável (saudáveis)	*sain(e) (saines)*
(a) refeição (pluriel : **refeições**)	*(le) repas*
(o) pão caseiro	*(le) pain fait maison*
(o) alho	*(l')ail*
(o) azeite	*(l')huile d'olive*
é aconselhável	*il est conseillé*
(a) sobremesa	*(le) dessert*
tais como	*tels/telles que*

(os) papos de anjo	biscuits à la crème patissière et aux amandes
(o) pudim flan	(la) crème caramel
acabam (acabar) com	en terminent (terminer) avec
(a) dieta	(le) régime

Les menus sont présentés comme la **ementa** ci-dessous. Le **couvert** est un supplément qui comprend le pain, le beurre, etc. Dans certains restaurants, particulièrement les plus touristiques, on vous apportera toute une sélection de petits amuse-bouches : assiette d'olives, petit fromage, crevettes, jambon... Il est facile de céder à la tentation de picorer dans chaque plat, mais cela peut vous revenir cher. En effet, même si vous ne grignotez qu'une seule olive ou une crevette, on vous facturera la portion entière. La meilleure chose à faire est de décider dès le départ ce que vous consommerez, et de demander qu'on retire les autres plats de la table.

a ementa	
Entradas	Entrées
Carnes	Viandes
Peixes	Poissons
Sobremesas/Doces	Desserts
Bebidas	Boissons
Vinhos	Vins
Couvert	supplément pour le couvert

PRATOS DO DIA	
	€
costeletas de porco	5,40
escalopes de peru	5,90
bacalhau à Gomes Sá	6,20
arroz de marisco	9,70/4,60
laranja	0,70
mousse	1,50
pudim	1,60

 ## Pratos do dia *Les plats du jour*

Le tableau ci-dessus vous propose comme plats du jour des côtelettes de porc, des escalopes de dinde, de la morue ou du riz aux fruits de mer. Ces plats seront généralement accompagnés de salade, de riz et de frites. Vous verrez que pour certains une **meia dose** (*demi-portion*) est disponible, moins chère. Les portions portugaises étant généralement énormes, cette option peut s'avérer intéressante. En dessert vous avez le choix entre des oranges, une mousse au chocolat ou une crème caramel.

Ementa turística *Menu touristique*

D'un prix généralement moyen, ce menu propose un repas complet avec boissons incluses, ce qui vous évite d'hésiter trop longtemps sur ce que vous allez prendre...

> *A ementa turística*
> *Pão e manteiga*
> *carne de porco*
> *ou*
> *pescada*
> *mousse de chocolate*
> *ou*
> *salada de fruta*
> *½ garrafa de vinho/refrigerante*
> *café*
> *€ 8,40*

Le menu ci-dessus propose :

du pain et du beurre

de la viande de porc ou du merlu

une mousse au chocolat ou une salade de fruits

½ bouteille de vin/un soda

un café

 ## Exercices

14.4 Complétez votre partie du dialogue en suivant les consignes. Vous trouverez les réponses sur l'enregistrement ou dans le **Corrigé des exercices**.

CD2 piste 4

Empregado		Boa noite. Faz favor.
a	**Vous**	*Saluez le serveur et demandez s'il y a de la soupe.*
Empregado		Sim, hoje temos sopa de marisco ou caldo verde.
b	**Vous**	*Dites que vous aimeriez un caldo verde.*
Empregado		E depois, para comer?
c	**Vous**	*Dites-lui que vous aimeriez une demi-portion de morue. Demandez-lui s'il y a de la salade avec.*

Empregado	Sim, vem com uma pequena salada mista.	
d Vous	*Dites d'accord.*	
Empregado	E para sobremesa?	
e Vous	*Dites que vous prendrez une crème caramel.*	
Empregado	E para beber?	
f Vous	*Dites-lui que vous prendrez une demi-bouteille de vin blanc et un café après.*	

14.5 Un serveur distrait a mal écrit le menu ci-dessous. Dans quelle catégorie chaque plat devrait-il apparaître ?

EMENTA

1	carne de porco à Alentejana	
2	açorda de marisco	
3	pão	A) Entradas
4	vinho da casa	
5	queijo da Serra	
6	manteiga	B) Carnes
7	salada de fruta	
8	café	
9	pudim Molotov	C) Peixes
10	sopa de legumes	
11	refrigerantes	
12	bolo de chocolate	D) Sobremesas
13	caldo verde	
14	prato de camarão	
15	bacalhau à Brás	E) Bebidas
16	escalopes de peru	
17	cerveja – imperial	
18	pescada	
19	mousse de chocolate	F) Couvert
20	água mineral	

15

Sentir-se mal
Se sentir mal

Dans ce chapitre, vous apprendrez à :
- parler de maladies bénignes et de médicaments
- bien réagir en cas d'accident
- vous exprimer à la pharmacie ou chez le médecin

Avant de commencer

Si vous tombez malade lors d'un séjour au Portugal, et que cela n'est pas très grave, allez à la pharmacie (**a farmácia**). Les pharmaciens sont en général extrêmement serviables et vous donneront des conseils afin de vous éviter d'aller chez le docteur (**o médico**). Les consultations chez le médecin sont payantes, et se font dans le centre médical (**centro de saúde**) du quartier ou à l'hôpital (**o hospital**) si le problème est grave. Se faire soigner chez le dentiste (**o dentista**) revient cher. Avant de partir, procurez-vous la carte européenne d'assurance maladie, elle vous permettra de bénéficier de la prise en charge de vos soins médicaux à l'étranger.

 Grammaire

1) Problèmes médicaux

Nous allons à présent apprendre du nouveau vocabulaire pour vous préparer à toute éventualité en cas de problème médical. Si vous avez mal quelque part, dites : **dói-me** (ou **doem-me** au pluriel), suivi de la partie du corps qui vous fait mal.

> **Dói-me a cabeça.** *J'ai mal à la tête.*
> **Doem-me os dentes.** *J'ai mal aux dents.*

Vous pouvez également dire : **Tenho dor de** + la partie du corps.

> **Tenho dor de garganta.** *J'ai mal à la gorge.*

Si vous parlez d'une tierce personne :

> **Dói-lhe...** *Il/Elle a mal à...*
> **Doem-lhe...** *Il/Elle a mal aux...*

Et :

> **(Ele) tem dor de...** *Il a mal à...*
> **(Ela) tem dor de...** *Elle a mal à...*

Dans de telles circonstances vous aurez peut-être besoin d'évoquer les noms des membres de votre famille (*mari, fils,* etc.). Dans cette perspective reprenez le Chapitre 4 pour vous préparer avant de faire les exercices de ce chapitre-ci.

Apprenez les parties du corps à l'aide de l'illustration de la page suivante. Si vous avez mal aux oreilles vous direz **doem-me os ouvidos**, et non **as orelhas** (**orelha** est l'oreille externe).

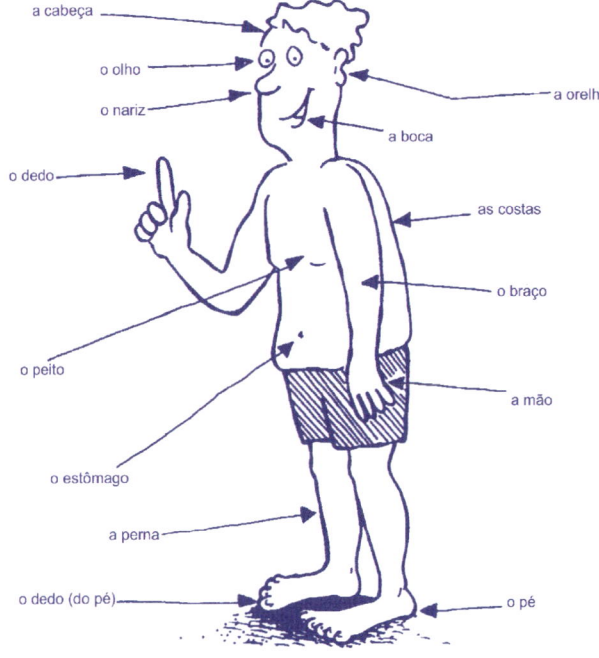

Voici une liste de maux relativement courants :

estou constipado/a	j'ai un rhume
tenho gripe	j'ai la grippe
tenho uma enxaqueca	j'ai la migraine
apanhei (apanhou) uma insolação	j'ai attrapé une insolation (il/elle a attrapé une insolation)
cortei (cortou)...	je me suis coupé(e) (il/elle s'est coupé(e))...
bati (bateu)...	je me suis cogné(e) (il/elle s'est cogné(e))...
magoei-me (magoou-se)...	je me suis (il/elle s'est) fait mal...

Sentir-se mal

💬 Dialogue 1
CD2 piste 5

Não me sinto bem *Je ne me sens pas bien*

A Maria tem dor de cabeça. *Maria a mal à la tête.*

João	Olá, Maria, estás bem?
Maria	Não, não estou. Tenho dor de cabeça.
João	Já tomaste alguma coisa?
Maria	Sim, tomei uma aspirina há meia hora.
João	Então, porque não vais para casa e te deitas um pouquinho – vais sentir-te melhor depois.
Maria	Tens razão. Vou agora para casa.

VOCABULAIRE

já tomaste alguma coisa?	as-tu déjà pris quelque chose ?
tomei	j'ai pris
há meia hora	il y a une demi-heure
porque não vais para casa e	pourquoi ne vas-tu pas chez toi
te deitas um pouquinho	t'allonger un petit peu
sentir-te	te sentir
tens razão	tu as raison
vou agora	j'y vais maintenant

💬 Dialogue 2
CD2 piste 5

Sinto-me tonto *J'ai la tête qui tourne*

O Sr. Carvalho não se sente bem. *M. Carvalho ne se sent pas bien.*

Ana	Bom dia senhor Carvalho. Como está?
Sr. Carvalho	Não me sinto bem.
Ana	Qual é o problema?
Sr. Carvalho	Sinto-me tonto e creio que vou vomitar.
Ana	Então, é melhor sentar-se um pouco antes que desmaie.
Sr. Carvalho	Boa ideia. Vou sentar-me aqui uns momentos.

VOCABULAIRE

não me sinto bem	je ne me sens pas bien
(o) problema	(le) problème
sinto-me tonto	j'ai la tête qui tourne
creio que	je crois que
vomitar	vomir
é melhor...	il vaut mieux... (littéralement *il est mieux*)
sentar-se	s'asseoir
antes que desmaie (desmaiar)	avant que vous ne vous évanouissiez (s'évanouir)

 **Exercice**

15.1 Comment traduiriez-vous les phrases suivantes en portugais ?
- **a** J'ai mal à la gorge.
- **b** Ma fille s'est coupé le doigt.
- **c** J'ai mal aux oreilles.
- **d** Mon mari a une insolation.
- **e** Je crois que mon fils va vomir.
- **f** Je me suis cogné l'orteil.
- **g** Mon amie s'est fait mal à la jambe.

 Contacter les services d'urgence

Si jamais vous êtes impliqué(e) dans un accident au Portugal ou que vous souhaitez en signaler un, les informations suivantes sont esssentielles :

Faites le 112 pour appeler les services d'urgence :

Houve um acidente.	*Il y a eu un accident.*
Precisamos duma ambulância.	*Nous avons besoin d'une ambulance.*
Precisamos de ajuda.	*Nous avons besoin d'aide.*

Soyez prêt(e) à donner des détails :

onde?	*où ?*	**o seu nome**	*votre nom*
pessoas feridas?	*des blessés ?*		

Parler au téléphone est intimidant, surtout dans une telle situation. Voici quelques expressions utiles :

Por favor, pode falar mais devagar?	*Pouvez-vous parler plus lentement, s'il vous plaît ?*
Pode repetir?	*Pouvez-vous répéter ?*
Sou francês/francesa.	*Je suis français/française.*

Exercice

15.2 En arrivant à l'hôpital vous devez donner des informations personnelles. Sauriez-vous remplir un formulaire (**uma ficha**) comme celui qui est ci-dessous ?

```
FICHA DE DADOS PESSOAIS – Centro de Saúde
NOME COMPLETO_____
IDADE _____
DATA DE NASCIMENTO_____
LUGAR DE NASCIMENTO _____
MORADA_____
NÚMERO DE TELEFONE_____
BILHETE DE IDENTIDADE_____
NÚMERO DE CONTRIBUINTE _____
EM CASO DE EMERGÊNCIA CONTACTAR _____
```

VOCABULAIRE

(o) nome completo	(le) nom complet
(a) idade	(l')âge
(a) data de nascimento	(la) date de naissance
(o) lugar de nascimento	(le) lieu de naissance
(a) morada	(l')adresse
(o) número de telefone	(le) numéro de téléphone
(o) bilhete de identidade	(la) carte d'identité (ou passeport pour les touristes)
(o) número de contribuinte	(le) numéro de sécurité sociale (donnez votre propre número de sécurité sociale ou le numéro de votre assurance voyage si vous le connaissez)
em caso de emergência, contactar...	en cas d'urgence, contacter...

Dialogue 3

CD2 piste 5

Na farmácia *À la pharmacie*

Na farmácia para comprar alguma coisa para as dores de garganta. *À la pharmacie pour acheter quelque chose contre le mal de gorge.*

Senhora	Tem alguma coisa para as dores de garganta?
Farmacêutico	É para si ou para uma criança?

Senhora	Para mim.
Farmacêutico	Só lhe dói a garganta ou tem outros sintomas?
Senhora	Também me dói um pouco a cabeça.
Farmacêutico	Bom. Recomendo este xarope para a garganta – tome três vezes por dia. E para as dores de cabeça, estes comprimidos ou estas aspirinas.
Senhora	Levo os comprimidos.
Farmacêutico	Tome dois de seis em seis horas.

VOCABULAIRE

tem alguma coisa para...?	avez-vous quelque-chose pour... ?
para si/mim	pour vous/moi
criança	enfant
(o) sintoma	(le) symptôme
recomendo	je recommande
(o) xarope	(le) sirop
três vezes por dia	trois fois par jour
ou	ou
(o) comprimido	(le) comprimé
levo	je prends
de seis em seis horas	toutes les six heures

Document

Pour quelle partie du corps ce médicament est-il conseillé ?

Quando
a garganta
arde
e queima...   ... a solução é Calmacaina.

Grammaire

2) Remédios *Des médicaments*

Vous trouverez ci-dessous une liste de vocabulaire concernant les médicaments et les soins :

(o) comprimido	(le) comprimé
(a) aspirina	(l')aspirine
(o) paracetamol	(le) paracétamol
(a) pastilha para a garganta	(la) pastille pour la gorge

Sentir-se mal

(a) ligadura	*(le) bandage*
(o) penso rápido	*(le) pansement*
(o) creme (para...)	*(la) crème (pour...)*
(a) loção (para...)	*(la) lotion (pour...)*

Lecture

Lisez les informations qui se trouvent ci-dessous sur les numéros de téléphone d'urgence et d'assistance médicale, puis répondez aux questions ci-dessous.

(os) bombeiros *(les) pompiers*

1. Quel numéro composeriez-vous si vous aviez besoin d'un docteur en urgence ?
2. Pour les pharmacies d'urgence de Lisbonne, pourquoi faut-il payer 1,85 euros ?
3. Qu'obtenez-vous si vous composez le 112 ?
4. À Viseu, quel numéro composeriez-vous si vous vouliez l'hôpital du district ?
5. Pour quelle raison appelleriez-vous le 232 262 166 ?

FARMÁCIAS

LISBOA

Das 22 ás 9 horas chamadas com receitas do dia ou da véspera - €0,30.
Chamadas nâs urgentes - €1,85.

MÉDICO DE URGÊNCIA
☎ 217950680

NÚMERO NACIONAL DE SOCORRO
112

VISEAU (032)
Bombeiros Municipais 232 262166
Bombeiros Voluntários 232 268122
Hospital Distrital- 232 424124
GNR - 232 421958 e 232 421585
Brigada de Trânsito - 232 266377
PSP - 232 422041
Aeródromo de Viseu - 232 459849
Electricidade
(Falta de luz e água) 232 425175
Serviços Municipalizados - 232 423112
Rodoviária Beira Litoral - 232 422822

16

Viajar de carro
Voyager en voiture

Dans ce chapitre, vous apprendrez à :
- parler de voitures et de circulation routière
- reconnaître les carburants dans les stations-service
- respecter le code de la route
- signaler un accident et déclarer un vol

Avant de commencer

Dans l'ensemble, le réseau routier au Portugal est très bon. Au cours des dernières années de nombreuses routes ont été refaites, et des autoroutes relient toutes les villes principales. Si vous louez une voiture, assurez-vous d'avoir toujours avec vous un permis de conduire en règle, les papiers de l'assurance, le contrat de location et, si vous empruntez un véhicule à des amis, vous devez être en possession d'une lettre vous autorisant à le conduire. Ayez également toujours sur vous vos papiers d'identité.

Dialogue 1

CD2 piste 6

De carro *En voiture*

O Miguel pede informações sobre o caminho para a Nazaré. *Miguel se renseigne sur le chemin à prendre pour se rendre à Nazaré.*

Miguel	Desculpe, este é o caminho certo para a Nazaré?
Senhora	Não é exactamente, não. Era melhor seguir por esta estrada até à rotunda, e lá tomar a segunda saída e seguir por esse caminho.
Miguel	Vai demorar muito?
Senhora	Acho que não. A Nazaré fica a oitenta quilómetros daqui, mais ou menos. Se seguir a EN 135, vai ver logo os sinais para a Nazaré. É um instantinho.
Miguel	Muito obrigado e bom dia.

VOCABULAIRE

(o) caminho certo	*(le) bon chemin*
exactamente	*exactement*
era melhor	*il vaudrait mieux* (littéralement *il était mieux*)
(a) estrada	*(la) route*
(a) rotunda	*(le) rond-point*
(a) saída	*(la) sortie*
vai demorar muito?	*ça va prendre longtemps ?*
a Nazaré fica a 80 quilómetros daqui	*Nazaré est à 80 kilomètres d'ici*
acho que não	*je ne pense pas*
mais ou menos	*plus ou moins*
se seguir	*si vous suivez*
(a) EN 135	*(la) nationale 135*
EN = Estrada Nacional	*route nationale*
vai ver logo	*vous verrez tout de suite*
(o) sinal (de trânsito) (pluriel : **sinais**)	*(le) panneau de signalisation*
é um instantinho	*c'est très rapide*

Grammaire

1) Les parties de la voiture

Observez la voiture ci-dessous (**o carro/o automóvel**) et essayez d'apprendre le nom des différentes parties. Quand on voyage, on ne sait jamais quel genre de panne peut survenir !

Dialogue 2

CD2 piste 6

Na estrada *Sur la route*

A Manuela telefona para uma oficina para pedir ajuda. *Manuela téléphone à un garage pour demander de l'aide.*

Mecânico	Oficina Oliveira, boa tarde.
Manuela	Boa tarde. Faz favor, preciso de ajuda.
Mecânico	Qual é o problema?
Manuela	O meu carro está avariado. Creio que tenho um furo num pneu e tive problemas com os travões.
Mecânico	Onde está estacionada?
Manuela	Estou na EN 135, perto de Loulé, ao lado de uma escola.
Mecânico	Bom, então espere dentro do carro, vou organizar um reboque.
Manuela	Vai demorar?
Mecânico	Pode demorar um pouco porque não conheço bem o caminho.
Manuela	Paciência!

Viajar de carro

VOCABULAIRE

avariado/a	en panne
creio que	je crois que
(o) furo num pneu	(la) crevaison
tive problemas	j'ai eu des problèmes
(o) travão	(le) frein
(pluriel : **travões**)	
estacionado/a	garé(e)
(a) escola	(l')école
espere	attendez
organizar	organiser
(o) reboque	(la) remorque
não conheço bem	je ne connais pas très bien
paciência!	patience !

Grammaire

2) Conhecer, saber *Connaître, savoir*

Nous avons vu ces verbes dans des chapitres précédents, et nous avons déjà parlé de **conhecer** dans le Chapitre 9. Vous trouverez dans le tableau ci-dessous ces verbes conjugués à toutes les personnes au présent de l'indicatif.

	conhecer	saber
eu	conheço	sei
tu	conheces	sabes
ele, ela / você / o Sr./a sSr.ª	conhece	sabe
nós	conhecemos	sabemos
(vós	conheceis	sabeis)
eles, elas / vocês / os Sr.es/as Sr.as	conhecem	sabem

3) Achar *Penser, trouver, croire*

Achar est un verbe bien pratique que l'on peut utiliser pour dire à la fois *penser, trouver et croire*. Très facile à conjuguer puisqu'il appartient au groupe des verbes en **-ar**, pensez à l'utiliser pour exprimer une opinion ou un doute.

Não acho as minhas chaves.	Je ne trouve pas mes clés.
Acho que não é o caminho certo.	Je crois que ce n'est pas le bon chemin.
Então, que achas do meu carro?	Alors, que penses-tu de ma voiture ?

Exercice

16.1 Conjuguez les verbes **saber** ou **conhecer** à la personne qui convient.
- a A Maria ... o meu irmão.
- b Nós não ... as horas.
- c Tu queres ... a França?
- d Eles ... o Presidente.
- e O João não ... o meu nome.

Dialogue 3

CD2 piste 6

Nas bombas de gasolina *À la station-service*

O senhor Neto quer comprar gasolina. *M. Neto veut acheter de l'essence.*

Senhor Neto	Boa tarde. Quero gasolina, se faz favor.
Pompiste	Claro. Quer super, sem chumbo ou gasóleo?
Senhor Neto	Sem chumbo.
Pompiste	Quantos litros?
Senhor Neto	Pode encher o depósito. Preciso também de pôr ar nos pneus e quero dois litros de óleo, por favor.
Pompiste	Muito bem.
Senhor Neto	Aceita cartão de crédito?
Pompiste	Aceitamos, sim.

VOCABULAIRE

(as) bombas de gasolina	*(la) station-service*
(a) gasolina	*(l')essence*
super	*super*
sem chumbo	*sans plomb*
(o) gasóleo	*(le) gazole*
(o) óleo	*(l')huile*
quantos litros?	*combien de litres ?*
pode encher o depósito	*(vous) pouvez remplir le réservoir*
pôr	*mettre*
(o) ar	*(l')air*
aceita/aceitamos	*(vous) acceptez/nous acceptons*
(o) cartão de crédito	*(la) carte de crédit*

 Exercice

16.2 En portugais, pouvez-vous :

  a   Demander si c'est le bon chemin pour Lisbonne ?
  b   Demander si ça va prendre longtemps ?
  c   Dire que votre voiture est en panne ?
  d   Dire que vous avez besoin d'une remorque ?
  e   Dire que vous voulez huit litres d'essence sans plomb ?
  f   Demander à quelqu'un s'il ou elle accepte les cartes de crédit ?
  g   Demander à quelqu'un de remplir le réservoir ?

Lecture

CD2 piste 6

Lisez le passage suivant qui parle de règles essentielles du code de la route au Portugal.

Conduzir em Portugal: algumas regras gerais

- É obrigatório usar cinto de segurança; crianças menores de 12 anos devem viajar no banco traseiro.

- O limite aceitável (e legal) de álcool é de menos de 0.4 gramas por litro. Apesar da grande campanha contra "o beber" e "o conduzir" ("Bebeu? Não conduza!"), é de surpreender quantas pessoas continuam a sair para tomar uns copos e a voltar para casa de carro.

- Todos os veículos devem ter uma caixa de primeiros-socorros e um triângulo vermelho para montar na estrada em caso de avaria.

- Os limites de velocidade são 50 quilómetros por hora, dentro de cidades; 90 km/h, nas estradas e 120 km/h, nas auto-estradas. Para veículos maiores, tais como camiões e camionetas, os limites chegam a ser aproximadamente 20 por cento mais baixos.

- Quando se conduz há menos de um ano, deve-se observar um limite de velocidade de 90 quilómetros por hora, e deve-se expor um autocolante no vidro traseiro do carro.

VOCABULAIRE

(o) cinto de segurança	(la) ceinture de sécurité
deve/devem/deve-se	doit/doivent/on doit
(o) banco traseiro	(la) banquette arrière
(o) limite aceitável	(la) limite autorisée
apesar de	malgré
conduzir	conduire
Bebeu? Não conduza!	Vous avez bu ? Ne conduisez pas !

surpreender	*surprendre*
tomar uns copos	*prendre quelques verres*
(a) caixa de primeiros-socorros	*(la) trousse de premiers secours*
montar	*monter*
em caso de	*en cas de*
(a) avaria	*(la) panne*
(o) camião (pluriel : camiões)	*(le) camion*
chegam a ser	*sont*
mais baixos	*plus bas*
há menos de um ano	*il y a moins d'un an*
(o) autocolante	*(l')autocollant*
(o) vidro traseiro	*(la) lunette arrière*

 Exercice

16.3 Pouvez-vous répondre aux questions suivantes en portugais ?
   a   É obrigatório usar cintos de segurança?
   b   Todos os veículos devem ter o quê?
   c   É legal beber e conduzir em Portugal?
   d   Quando se conduz há menos de um ano, o que se deve fazer?
   e   Qual é o limite de velocidade para carros nas auto-estradas?

 Prévenir la police

Si jamais vous êtes impliqué(e) dans un accident de la route, suivez les instructions données dans le Chapitre 15 pour obtenir de l'aide. Vous devrez également remplir un formulaire, et faire un rapport à la police routière (généralement la GNR : Guarda Nacional Republicana).

Si votre véhicule subit un vol, vous devrez le déclarer à la Esquadra da Polícia (*commissariat*) locale.

Dialogue 4

Na esquadra *Au commissariat*

A senhora Cassis informa a Polícia sobre um roubo. *Mme Cassis déclare un vol à la police.*

Senhora Cassis	Bom dia. Chamo-me Sylvie Cassis e sou francesa. Estou aqui de férias. Quero comunicar um roubo de algumas coisas no meu carro.
Polícia	Que coisas?
Senhora Cassis	A minha máquina fotográfica, uma mala que continha o meu passaporte e uma carteira com dinheiro.
Polícia	Como aconteceu?
Senhora Cassis	O vidro está partido.
Polícia	A senhora não sabe que corre um grande risco ao deixar objectos dentro dum carro?
Senhora Cassis	Eu sei, mas só demorei um pouco.
Polícia	Vai ter de preencher esta ficha em triplicado. Tem os seus documentos?

VOCABULAIRE

comunicar	déclarer
(o) roubo	(le) vol
que coisas?	quelles choses ?
(a) máquina fotográfica	(l')appareil-photo
(a) mala	(le) sac
que continha...	qui contenait...
(a) carteira	(le) portefeuille
(o) dinheiro	(l')argent
como aconteceu?	comment ça s'est passé ?
partido/a	brisé(e)
corre um grande risco	(vous) courez un grand risque
ao deixar	en laissant
(o) objecto	(l')objet
só demorei um pouco	je n'ai pas mis longtemps
preencher	remplir
em triplicado	en triple exemplaire

Exercice

16.4 Huit mots relatifs aux voitures sont dissimulés dans cette grille de mots cachés. Pouvez-vous les retrouver ?

```
P N E U F V S Q S G
F E U Q O B E R E A
O U N J K W A E O S
T C B Y I D V P V O
I B M L A W A P A L
S L P R F B R J R I
O M T D L M I G T N
P S M K B T A J T A
E G H Q A P D C X W
D M K Y W Q O E L O
```

17

O alojamento
L'hébergement

Dans ce chapitre, vous apprendrez à :
- trouver un hébergement
- réserver une chambre
- signaler une panne
- utiliser le passé composé

Dialogue 1

CD2 piste 7

No hotel *À l'hôtel (1)*

A família Santos procura quartos num hotel. *La famille Santos cherche des chambres à l'hôtel.*

Senhor Santos	Tem quartos vagos para hoje?
Recepcionista	Temos, sim. Quantos são?
Senhor Santos	Somos cinco.
Recepcionista	É para quantas noites?
Senhor Santos	Vamos ficar cinco noites.
Recepcionista	Querem um quarto de família ou quartos individuais?
Senhor Santos	O quarto de família tem quantas camas?
Recepcionista	Tem uma cama de casal e três camas individuais.
Senhor Santos	Então, ficamos com esse.

VOCABULAIRE

tem quartos vagos?	*avez-vous des chambres libres ?*
quantos são?	*combien êtes-vous ?*
somos cinco	*nous sommes cinq*
para quantas noites?	*pour combien de nuits ?*
ficar	*rester*
(o) quarto de família	*(la) chambre familiale*
(o) quarto individual (pluriel : **individuais**)	*(la) chambre individuelle*
(a) cama de casal	*(le) lit double*
(a) cama individual	*(le) lit simple*
ficamos com esse	*nous prenons celle-là (*littéralement *celui-là)*

Dialogue 2

CD2 piste 7

No hotel *À l'hôtel (2)*

A Sónia não encontra quarto… *Sónia ne trouve pas de chambre...*

Sónia	Tem quartos vagos?
Recepcionista	Para quantas pessoas?
Sónia	Só para uma.
Recepcionista	Para quando?
Sónia	Para hoje e amanhã.
Recepcionista	Lamento, mas já não há quartos individuais para hoje. Talvez haja no Hotel Sol, que fica aqui em frente.
Sónia	Está bem. Obrigada pela ajuda.

O alojamento

para quantas pessoas?	*pour combien de personnes ?*
para quando?	*pour quand ?*
lamento	*je suis désolé(e)*
já não há	*il n'y en a plus*
talvez haja	*il y en a peut-être*
obrigado/a pela ajuda	*merci pour votre aide (littéralement ... pour l'aide)*

 Dialogue 3

CD2 piste 7

No hotel *À l'hôtel (3)*

A senhora Godart quer reservar um quarto. *Mme Godart veut réserver une chambre.*

Senhora Godart	Está?
Recepcionista	Estou, sim.
Senhora Godart	É da pensão Lusa?
Recepcionista	É sim. Bom dia.
Senhora Godart	Olá bom dia. Queria reservar um quarto de casal para o dia 22.
Recepcionista	Quantas noites pretendem ficar?
Senhora Godart	Três.
Recepcionista	Quer com casa-de-banho privativa?
Senhora Godart	Sim, se faz favor, e pequeno-almoço.
Recepcionista	Qual é o nome?
Senhora Godart	É Godart.
Recepcionista	Como se escreve?
Senhora Godart	G-O-D-A-R-T.
Recepcionista	Muito bem, senhora Godart. Está reservado. Até ao dia 22. Bom dia, com licença.

está?	*allô ? (littéralement êtes-vous ?)*
estou	*allô (littéralement je suis)*
(a) pensão	*(la) pension de famille*
reservar	*réserver*
(o) quarto de casal	*(la) chambre double*
pretendem	*vous souhaitez*
(a) casa-de-banho privativa	*(la) salle de bain individuelle*
como se escreve?	*comment ça s'écrit ?*
reservado/a	*réservé(e)*
com licença	*excusez-moi (pour terminer une conversation téléphonique)*

Exercice

17.1 En portugais, comment
  a Demander s'il y a des chambres libres ?
  b Dire que vous êtes trois ?
  c Dire que vous aimeriez réserver une chambre individuelle ?
  d Demander si c'est bien la Pensão Sol ?
  e Demander quel est le prix avec le petit déjeuner ?

Grammaire

1) À l'hôtel

VOCABULAIRE

(o) quarto	*(la) chambre*
(o) quarto individual	*(la) chambre individuelle/simple*
(o) quarto duplo	*(la) chambre double avec deux lits jumeaux*
(o) quarto de casal	*(la) chambre double avec un lit double*
com cama de casal	*avec un lit double*
com duas camas	*avec deux lits jumeaux*

Dialogue 4

CD2 piste 7

No hotel *À l'hôtel (4)*

O senhor Tessier tem um quarto reservado. *M. Tessier a une chambre réservée.*

Senhor Tessier	Boa noite. Tenho um quarto reservado para hoje e amanhã.
Recepcionista	Em que nome?
Senhor Tessier	Tessier. T-E-S-S-I-E-R
Recepcionista	Aqui está, senhor Tessier. É o quarto trezentos e vinte e cinco. Fica no terceiro andar; o elevador é ali à direita.
Senhor Tessier	Tem uma vista bonita?
Recepcionista	Tem, sim. O quarto dá para o mar. Faça o favor de preencher esta ficha. Preciso de ficar com o seu passaporte.

VOCABULAIRE

(a) vista	*(la) vue*
bonito/a	*joli(e)*
dá (dar) para o mar	*donne (donner) sur la mer*
faça favor de...	*veuillez*
preencher	*remplir*
preciso	*j'ai besoin*
ficar com	*garder*

Document

a. Cette chambre était pour combien de personnes ?
b. Le supplément pour le petit-déjeuner était de combien ?

Hotel Miraparque

Quarto	311	Preço	€36
N.º Pessoas	2	Preço P. Almoço	GRÁTIS
Chegada	3/10/06	Partida	11/10/06
Nome	Coutaud		

Este cartão servirá para a identificação junto dos serviços do Hotel, que poderão exigir a sua apresentação; conserve este cartão para utilizar no caso de reclamação perante os Serviços Oficiais de Turismo.

AV. SIDÓNIO PAIS, 12 - LISBOA - PORTUGAL - TEL 218 57 80 70 - FAX 218 51 67 45 - MITELP

Le Portugal dispose de nombreuses formules d'hébergement qui satisferont tous les goûts et toutes les bourses. Vous pouvez passer la nuit dans une **pousada de juventude** (*auberge de jeunesse*) si vous disposez d'un budget limité, ou, si vous souhaitez dépenser un petit peu plus, réservez dans une **pensão** ou un **residencial** (*pension de famille*) où l'on vous servira également le petit-déjeuner. Les hôtels ont de une à cinq étoiles. Il existe également des **estalagens** (**uma estalagem**) ou des **albergues** (*auberges*) et, pour ceux qui en ont les moyens, les **pousadas**. Celles-ci sont en général installées dans des châteaux, des monastères et d'anciens hôtels particuliers reconvertis. Quel que soit votre choix, vous recevrez toujours un accueil très chaleureux.

O alojamento

Dialogue 5

CD2 piste 7

No hotel *À l'hôtel (5)*

Quando as coisas não funcionam... *Quand les choses ne marchent pas...*

Laura	Desculpe, o aquecimento no quarto não está a funcionar bem.
Recepcionista	Qual é o número do quarto?
Laura	É o duzentos e quinze. É possível alguém vir dar uma vista de olhos?
Recepcionista	Claro. Peço desculpas. Hoje temos tido alguns problemas. Como vê, o elevador também está avariado. Creio que é por causa do corte de electricidade que tivemos ontem à noite. Vou ver se podemos fazer qualquer coisa, está bem?
Laura	Obrigada

VOCABULAIRE

(o) aquecimento	*(le) chauffage*
funcionar	*marcher, fonctionner*
não está a funcionar bem	*ne fonctionne pas bien*
alguém	*quelqu'un*
dar uma vista de olhos	*jeter un coup d'œil*
peço desculpas	*je vous prie de m'excuser*
temos tido	*nous avons eu*
como vê	*comme (vous) le voyez*
por causa de	*à cause de*
(o) corte de electricidade	*(la) coupure de courant*
tivemos	*nous avons eu*
ontem à noite	*hier soir*

Grammaire

2) Autres exemples de formes verbales

- **Estar + a +** le verbe suggère que l'action est en train de se faire. Vous pouvez utiliser cette formule à toutes les personnes et avec tous les verbes :

  estou a falar   *je suis en train de parler*
  estamos a pensar   *nous sommes en train de réfléchir*

- Le passé simple de **ter** (*avoir*) est :

(eu)	tive	*j'ai eu, eus*
(tu)	tiveste	*tu as eu, eus*
(ele, ela/você/o Sr., a Sr.ª)	teve	*il/elle a eu, eut/vous avez eu, eûtes*
(nós)	tivemos	*nous avons eu, eûmes*
((vós)	tivestes	*vous avez eu, eûtes)*
(eles, elas/vocês/os Sr.es, as Sr.as)	tiveram	*ils/elles ont eu, eurent/ vous avez eu, eûtes*

Il est assez complexe de parler d'actions qui se sont déroulées dans le passé, et seulement quelques exemples ont été abordés dans cette méthode.

- Pour parler d'une action qui s'est produite de façon régulière, ou une action relativement récente, la structure à utiliser est la suivante : **ter** (au présent) + participe passé du verbe. Ce temps est un passé composé. Reprenez le Chapitre 4 si vous avez oublié comment conjuguer le verbe **ter** au présent de l'indicatif.

Formation du participe passé :

  verbes en -ar : falar → falado
  verbes en -er : comer → comido
  verbes en -ir : partir → partido

N'oubliez pas qu'il existe aussi beaucoup de verbes irréguliers, vous les apprendrez ultérieurement.

Tenho comprado muitas coisas.   *J'ai acheté beaucoup de choses.*
O João tem visitado muitos museus.   *João a visité beaucoup de musées.*

 **Exercice**

17.2 Pouvez-vous relier les phrases portugaises suivantes à leur traduction française ?

i   O elevador está avariado.
ii A água não está a funcionar.
iii O fogão não funciona.
iv A fechadura não está a funcionar bem.
v   O ar condicionado está avariado.

a *La gazinière ne marche pas.*
b *L'ascenseur est en panne.*
c *La serrure ne fonctionne pas bien.*
d *Il n'y a pas d'eau.*
e *La climatisation est en panne.*

Lecture

Lisez le texte suivant sur les Pousadas, essayez d'en comprendre l'essentiel puis répondez aux questions qui s'y rapportent.

Pousadas de Portugal

Situadas em locais de rara beleza, as Pousadas de Portugal oferecem ao visitante amigo 32 destinos para descobrir as tradições e hábitos das gentes de Portugal.

Com reduzida capacidade de alojamento, permitem um acolhimento atento e um serviço personalizado. No campo gastronómico, as Pousadas desvendam-nos os segredos de uma arte milenária recriando o melhor da cozinha regional, acompanhada pelos mais genuínos vinhos portugueses.

Na tranquilidade das pousadas de Portugal, descobrirá a maneira de viver e o sentir das cidades e aldeias deste país, restituindo-lhe o sentido da arte e do prazer de viajar.

1 Il est possible de choisir entre combien de destinations ?
2 Quel est le type de service qui est offert ?
3 Quel genre de nourriture y trouve-t-on ?
4 Qu'est-ce que la tranquillité de la Pousada a-t-elle à offrir au visiteur ?
5 Où les Pousadas sont-elles situées ?

Exercice

17.3 Complétez votre partie du dialogue en suivant les consignes. Vous trouverez les réponses sur l'enregistrement ou dans le **Corrigé des exercices**.

CD2 piste 7

a	**Vous**	*Demandez s'il y a des chambres libres pour aujourd'hui.*
	Recepcionista	Temos, sim. Quantos são?
b	**Vous**	*Dites que vous êtes trois.*
	Recepcionista	É para quantas noites?
c	**Vous**	*Dites que vous allez rester deux nuits.*
	Recepcionista	Querem quartos individuais?
d	**Vous**	*Dites que vous voudriez une chambre double et une chambre individuelle.*
	Recepcionista	Querem com casa-de-banho privativa?
e	**Vous**	*Dites : « Oui, s'il vous plaît ; quel est le prix ? »*

18

Fazer campismo
Faire du camping

Dans ce chapitre, vous apprendrez à :
- parler de camping
- parler du temps qu'il fait
- comprendre les bulletins météorologiques

18 Avant de commencer

Faire du camping au Portugal est facile et bon marché. Il y a de nombreux terrains dans tout le pays. Le camping sauvage n'est en revanche pas vu d'un très bon œil.

Dialogue 1

CD2 piste 8

No campismo *Au camping*

Lisez ou écoutez le dialogue suivant dans lequel M. Sousa choisit un emplacement dans un camping.

Senhor Sousa	Olá, bom dia. Tem vagas?
Recepcionista	Temos algumas. Tem tenda, carro e caravana ou autocaravana?
Senhor Sousa	Temos carro e atrelado com duas tendas.
Recepcionista	Bom, temos vários lugares, há um à esquerda debaixo das árvores, outro ao fundo do parque, que dá para o lago, e há dois aqui ao pé do parque infantil.
Senhor Sousa	Qual recomenda?
Recepcionista	Pois, é difícil. Aqui, perto do parque infantil é sempre mais barulhento; ao fundo do parque é sossegado, mas um pouco isolado, e debaixo das árvores pois não sei se vai chover hoje, e assim, é uma maçada ter a chuva a pingar em cima das tendas.
Senhor Sousa	Vamos para o fundo. Gostamos do sossego.
Recepcionista	Vão ficar quanto tempo?
Senhor Sousa	Se calhar, oito dias. Há uma loja aqui no parque?
Recepcionista	Aqui ao lado da recepção. Vende tudo, desde mercearia e jornais a garrafas de gás e coberturas impermeáveis. Abre das sete e meia da manhã até às nove e um quarto da noite. Também há um bar e um pequeno café.

VOCABULAIRE

(a) **vaga**	*(de la) place*
(a) **tenda**	*(la) tente*
(a) **caravana**	*(la) caravane*
(a) **autocaravana**	*(le) camping-car*
(o) **atrelado**	*(la) remorque*
(o) **lugar**	*(l')emplacement*
(a) **árvore**	*(l')arbre*
(o) **lago**	*le lac*
(o) **parque infantil**	*(le) terrain de jeux*

recomenda	*(vous) recommandez*
difícil	*difficile*
isolado/a	*isolé(e)*
vai chover	*il va pleuvoir*
assim	*ainsi*
é uma maçada	*quel ennui*
(a) chuva	*(la) pluie*
pingar	*goutter*
(o) sossego	*(la) tranquillité*
se calhar (familier)	*peut-être que*
(a) recepção	*(la) réception*
vende	*(elle) vend*
desde... a...	*de... à...*
(a) mercearia	*(l')épicerie*
(a) cobertura	*(la) couverture*
impermeável (pluriel : impermeáveis)	*imperméable*

Exercice

18.1 Pouvez-vous répondre en portugais aux questions qui se rapportent au dialogue ?

  a Tem vagas no parque de campismo?
  b O senhor de Sousa tem caravana?
  c Qual é a vista ao fundo do parque?
  d Porque é uma maçada debaixo das árvores?
  e Onde é o lugar que o senhor escolheu (*a choisi*)?
  f Quanto tempo vão ficar?
  g A loja vende que tipo de coisas?
  h A que horas abre?

Document

Pouvez-vous relier les symboles aux mots de la liste ?

TENDA PEQUENA
TENDA GRANDE
CARAVANA
AUTOMÓVEL
AUTOCARRO
AUTOCARAVANA

i  ii  iii

iv  v   vi

Grammaire

O tempo *Le temps*

☀	**Hoje** *Aujourd'hui* **Faz sol/está sol.** *Il y a du soleil.*	**Amanhã** *Demain* **Vai fazer/estar sol.** *Il va y avoir du soleil.*
28°	**Faz/está calor.** **Está quente.** *Il fait chaud.*	**Vai fazer/estar calor.** **Vai estar quente.** *Il va faire chaud.*
💨	**Faz/está vento.** **Há muito vento.** *Il y a du vent.*	**Vai fazer/estar vento.** **Vai haver vento.** *Il va y avoir du vent.*
🌧	**Está a chover.** *Il pleut.*	**Vai chover.** *Il va pleuvoir.*
🥶	**Faz /está frio.** *Il fait froid.*	**Vai fazer /estar frio.** *Il va faire froid.*
⛄	**Está a nevar.** **Há neve.** *Il neige.*	**Vai nevar.** **Vai haver neve.** *Il va neiger.*

 **Dialogues 2 et 3** CD2  piste 8

Na tenda *Dans la tente*

Des campeurs sont en train de parler de problèmes liés au temps. Lisez le dialogue puis faites l'exercice en répondant par **verdadeiro** ou **falso**.

Manuel	Ai! Que horror!
Sofia	O que há?
Manuel	Estou completamente picado pelos mosquitos. Deve ser por causa do calor.
Sofia	Olhe aqui também, toda a roupa está cheia de areia. Deve ser o vento.
Manuel	Vamos procurar outro lugar.

VOCABULAIRE

Ai!	Oh !
Que horror!	Quelle horreur !
O que há?	Qu'est-ce qui se passe ?
completamente	complètement
picado/a	piqué(e)
(o) mosquito	(le) moustique
deve ser	ça doit être
cheio/a de	plein(e) de

Luís	Ai! Não acredito!
Ana	O que há?
Luís	Temos um buraco. A água está a pingar dentro da tenda. Toda a roupa está molhada.
Ana	Olhe aqui também, a entrada está toda cheia de lama. Deve ser por causa da chuva.

não acredito	je n'y crois pas
(o) buraco	(le) trou
molhado/a	mouillé(e)
(a) lama	(la) boue

 Exercice

18.2 Indiquez si les affirmations ci-dessous, basées sur les deux dialogues, sont **verdadeiras** (V) **ou falsas** (F).

a A Sofia está picada pelos mosquitos.
b A roupa do Manuel está cheia de areia.

c É por causa da chuva.
d A tenda do Luís tem um buraco.
e Há lama dentro da tenda.
f É por causa da chuva.

Lecture

CD2 piste 8

Étudiez la carte météorologique suivante puis essayez de bien comprendre le texte.

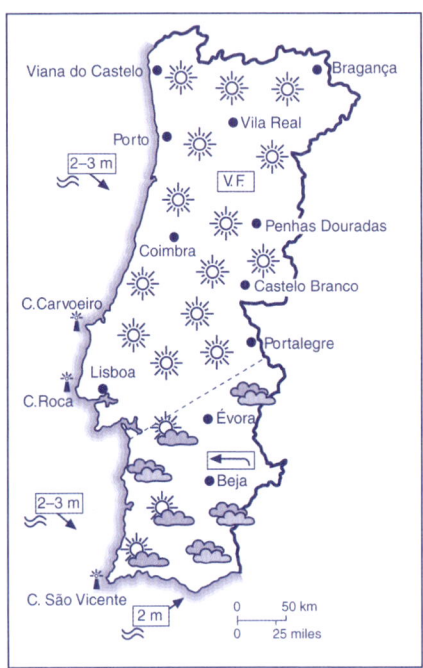

Hoje

No Continente:
Regiões do Norte e Centro: céu pouco nublado; vento fraco do quadrante leste; acentuado arrefecimento nocturno e formação de geada. *Estado do mar:* encrespado; ondulação noroeste de dois a três metros.

Regiões do Sul: céu pouco nublado, temporariamente muito nublado; vento fraco ou moderado de leste. *Estado do mar:* na costa ocidental, mar encrespado; ondulação noroeste de dois a três metros; na costa sul, mar encrespado ou de pequena vaga; ondulação sudeste de dois metros.

Amanhã

Céu geralmente limpo; vento fraco ou moderado de leste; acentuado arrefecimento nocturno com formação de geada.

Estado do tempo hoje às 16 horas

VOCABULAIRE

(o) céu limpo	*(le) ciel dégagé*
(o) céu pouco nublado	*(le) ciel peu nuageux*
(o) céu muito nublado	*(le) ciel très nuageux*
(a) chuva	*(la) pluie*
(a) trovoada	*(le) tonnerre*
(o) nevoeiro	*(le) brouillard*
(o) vento fraco	*(le) vent faible*
(a) neve	*(la) neige*
(o) vento moderado	*(le) vent modéré*
(a) geada	*(le) givre*
(o) vento forte	*(le) vent fort*
(a) ondulação	*(le) creux*

Dites si les affirmations suivantes sont **verdadeiras** ou **falsas**.

1. Hoje no norte o vento está forte.
2. Amanhã em geral o céu vai estar limpo.
3. Hoje, perto de Beja, o vento está moderado.
4. Hoje, no sul, o mar tem uma ondulação de quatro metros.
5. Amanhã vai haver geada à noite.
6. Hoje, no centro, o vento é do sul.

Exercices

18.3 Reliez le temps qu'il fait aux illustrations correspondantes.

i Faz frio. a

ii Há neve. b

iii Há sol. c

iv Está a chover. d

v Faz vento. e

vi Há trovoada. f

18.4 Complétez le bulletin météorologique ci-dessous au présent ou au futur en utilisant la structure *aller* + verbe.

Hoje	Amanhã
Faz calor.	a ...
Há sol.	b ...
c ...	Vai fazer frio.
Está a chover.	d ...
e ...	Vai haver vento.
f ...	Vai nevar.

19
Os divertimentos
Les divertissements

Dans ce chapitre, vous apprendrez à :
- parler d'activités de plein air
- conjuguer les verbes réguliers au passé simple
- parler d'activités culturelles

Dialogue 1

Na praia *À la plage*

O Jorge e a Teresa decidem ir à praia. *Jorge et Teresa décident d'aller à la plage.*

Jorge	Vamos à praia hoje?
Teresa	Está bem. Faz calor, é ideal para ir nadar. Podemos levar um piquenique e passar lá a tarde inteira. Que tal?
Jorge	Boa! Podemos jogar voleibol.
Teresa	Tu podes jogar sozinho; eu quero apanhar sol e dormir!
Jorge	Preguiçosa! Cuidado com o sol. É perigoso dormir. Precisamos de levar protecção contra o sol.

VOCABULAIRE

é ideal para	*c'est idéal pour*
nadar	*nager*
podemos	*nous pouvons*
levar	*emporter*
(o) piquenique	*(le) pique-nique*
a tarde inteira	*toute l'après-midi*
que tal?	*qu'en penses-tu ?*
boa! (familier)	*super !*
(o) voleibol	*(le) volley-ball*
apanhar sol	*prendre le soleil*
dormir	*dormir*
cuidado	*attention*
é perigoso	*c'est dangereux*
(o) protector solar	*la protection solaire*

Dialogue 2

No parque *Au parc*

O Senhor Mendes e a Senhora Oliveira falam sobre o que fizeram ontem. *M. Mendes et Mme Oliveira parlent de ce qu'ils ont fait hier.*

Senhor Mendes	O que fez ontem?
Senhora Oliveira	Ontem, pois, fui com a minha família ao parque. Esteve um dia muito bonito para passear.
Senhor Mendes	O que fizeram lá?

Senhora Oliveira	Levámos um piquenique e passeámos à sombra das árvores. Os meus filhos jogaram futebol. Vimos muitas coisas: pássaros, flores, e tantas borboletas!	
Senhor Mendes	Foram também ao lago?	
Senhora Oliveira	Fomos. Havia muita gente, portanto não conseguimos um barco, mas gostámos muito do passeio. E o senhor, fez alguma coisa interessante?	
Senhor Mendes	Eu? Trabalhei o dia inteiro!	

VOCABULAIRE

o que fez ontem?	*qu'est-ce que vous avez fait hier ?*
fui/fomos/foram	*je suis allé(e)/nous sommes allé(e)s/ils/elles sont allé(e)s/vous êtes allé(e)(s)*
(o) parque	*(le) parc*
passear	*se promener*
o que fizeram lá?	*qu'est-ce que vous avez fait là-bas ?*
levámos	*nous avons emporté*
passeámos	*nous nous sommes promenés*
à sombra das árvores	*à l'ombre des arbres*
jogaram	*(ils) ont joué*
vimos	*nous avons vu*
(o) pássaro	*(l')oiseau*
(a) flor (pluriel : flores)	*(la) fleur*
tantas	*tant*
(a) borboleta	*(le) papillon*
havia muita gente	*il y avait beaucoup de monde*
não conseguimos	*nous n'avons pas réussi (à obtenir)*
gostámos	*nous avons aimé*
trabalhei	*j'ai travaillé*

Grammaire

Parler au passé

Parler du passé en portugais est un peu compliqué. Vous trouverez ci-contre, les terminaisons verbales du passé simple pour les trois groupes verbaux, ainsi que celles de certains verbes irréguliers. Ce passé est celui qu'on utilise pour parler d'actions révolues, il se traduira souvent par le passé composé en français, le passé simple n'étant presque plus utilisé.

	-ar	-er	-ir
	fal/ar	com/er	part/ir
	(*parler*) [ai parlé...]	(*manger*) [ai mangé...]	(*partir*) [suis parti...]
eu	falei	comi	parti
tu	falaste	comeste	partiste
ele, ela / você / o Sr., a Sr.ª	falou	comeu	partiu
nós	falámos	comemos	partimos
(vós	falastes	comestes	partistes)
eles, elas / vocês / os Sr.es, as Sr.as	falaram	comeram	partiram

	ir	fazer	ver
	(*aller*) [suis allé...]	(*faire*) [ai fait...]	(*voir*) [ai vu...]
eu	fui	fiz	vi
tu	foste	fizeste	viste
ele, ela / você / o Sr., a Sr.ª	foi	fez	viu
nós	fomos	fizemos	vimos
(vós	fostes	fizestes	vistes)
eles, elas / vocês / os Sr.es, as Sr.as	foram	fizeram	viram

Vous trouverez ci-dessous des expressions utiles pour parler du passé :

VOCABULAIRE

ontem	hier
anteontem	avant-hier
(a) semana passada	(la) semaine dernière
(o) mês passado	(le) mois dernier
(o) ano passado	(l')année dernière
(a) quinta(-feira) passada	jeudi dernier
(as) férias passadas	(les) vacances dernières
ontem à noite	hier soir

Exercice

19.1 a Formez des phrases décrivant les activités des personnes suivantes au passé.

i	O Paulo	viste	ao parque.
ii	Tu	fizeram	o filme.
iii	Eu e a Maria	foi	ontem.
iv	Vocês	visitámos	muitas coisas interessantes.
v	Eu	trabalhei	a cidade.

b En portugais, pouvez-vous :

i   Suggérer à un ami d'aller au parc aujourd'hui ?
ii Dire que vous voulez jouer au football ?
iii Demander à votre meilleur(e) ami(e) ce qu'il (elle) a fait hier ?
iv Dire que vous êtes allé(e) à la plage ?
v   Demander à Jean s'il a aimé le parc ?

 ## Les activités culturelles et sportives

Il y a beaucoup de choses à voir et à faire au Portugal. Vous pouvez par exemple visiter quelques châteaux (**castelos**) et palais (**palácios**) parmi les plus vieux et les plus pittoresques d'Europe. Les sites naturels de toute beauté ne manquent pas, qu'il s'agisse de parcs, de forêts (**florestas**) ou de chaînes de montagne (**serras**). N'oublions pas les musées (**museus**) et les galeries d'art (**galerias de arte**) qui proposent quelques riches collections à ne pas manquer.

Il est possible de pratiquer de nombreux sports comme le tennis, le golf, le football mais aussi les sports aquatiques, qui sont très populaires (planche à voile, surf). Vous pouvez également tranquillement vous installer à la terrasse d'un café pour lire le journal ou regarder le temps passer.

Lecture

On vient de vous donner cette brochure qui parle d'activités à faire pendant les vacances, en Algarve.

Região de turismo do Algarve

1. MERCADOS

Tudo se compra, tudo se vende. Desde a fresca hortaliça às flores perfumadas. Dos coloridos molins dos muares que puxam as carroças de grandes rodas, aos cestos de empreita, que têm múltiplas utilizações, e, também, fruta, objectos de uso diário, vestuário, etc.

2. EXPOSIÇÕES

Conhecer as obras de artistas portugueses e estrangeiros. Desvendar as tradições, o património cultural do povo algarvio. Uma forma de enriquecer as suas férias.

3. FOLCLORE

A dança algarvia é endiabrada, alegre, rápida. Fala de dias de sol, de corpos ágeis, de tradições que se revivem porque são eternas. E a sua música fica no ouvido...

4. DESPORTO

O sol sempre presente. Clima ameno nos 12 meses do ano. Variado e moderno equipamento. Razões que fazem do Algarve o paraíso dos desportistas.

5. PARQUES DE DIVERSÕES

A alegria e o sol juntam-se para horas de prazer, de puro divertimento. Uma forma sempre agradável de passar os dias de férias com toda a família.

6. ACTIVIDADES CULTURAIS

Ciclo de passeios pela natureza e por Alcalar à descoberta do património natural e arqueológico desta zona do interior rural do concelho de Portimão.

7. FADO

Ouvir o fado é penetrar os segredos da alma portuguesa. Nos sons plangentes da guitarra, no canto que evoca amores e ciúmes, revela-se o sentido da palavra saudade. Fado é alegria e tristeza, é música que se ouve em silêncio, é uma recordação que fica para sempre.

Les membres de votre famille s'intéressent tous à des choses différentes. Lisez leur profil ci-dessous puis décidez quelle activité chacun aimerait faire en leur attribuant le numéro correspondant.

Le profil de votre famille

Votre mère	Elle aime regarder des tableaux. Elle veut faire une activité culturelle mais qui soit à l'intérieur.
Votre père	Il aime la vie en plein air, et s'intéresse aux vieilles ruines et aux beaux sites naturels.
Votre petit frère	Il veut passer son temps à l'extérieur sous le soleil à jouer au tennis et à faire de la planche à voile.
Vos deux petites sœurs	Elles veulent faire une activité pour toute la famille.
Vos grands-parents	Ils préfèrent quelque chose de calme. Papy aime beaucoup jouer de la guitare.

 Exercice

19.2 Complétez votre partie du dialogue en suivant les consignes. Vous trouverez les réponses sur l'enregistrement ou dans le **Corrigé des exercices**.

CD2 piste 9

Bárbara	O que fez a semana passada?
a **Vous**	*Dites que la semaine dernière vous et votre sœur avez visité Lisbonne.*
Bárbara	O que fizeram lá?
b **Vous**	*Dites que vous êtes allé(e)s à un palais, et que vous avez vu beaucoup de choses intéressantes.*
Bárbara	Levaram um piquenique?
c **Vous**	*Dites non, nous avons mangé dans un café sur la place.*
Bárbara	Gostaram da visita?
d **Vous**	*Dites que vous avez tous/toutes les deux beaucoup aimé.*

20

Finalmente...
Pour terminer...

Félicitations, vous voici arrivé(e) à la fin de cette méthode. Apprendre une langue tout(e) seul(e) chez soi n'est pas chose facile, mais désormais vous devriez avoir l'assurance nécessaire pour pratiquer le portugais en situation réelle. Les gens accueillent toujours avec plaisir les visiteurs qui font un effort pour parler leur langue. C'est un nouveau monde qui s'ouvrira à vous lorsque les Portugais vous demanderont avec enthousiasme **Fala português?** Vous verrez que l'apprentissage du portugais valait bien le temps et les efforts que vous y avez consacrés.

Le type de portugais que vous venez d'apprendre est le portugais « standard ». Cependant, si vous voyagez dans différentes régions du Portugal (ou si vous voyagez dans un autre pays lusophone), vous découvrirez qu'il existe des différences régionales en termes d'accent, de dialecte et de vocabulaire. Par exemple, les habitants de l'Algarve ont tendance à « manger » leurs mots ; le début et la fin des phrases sont parfois presque inaudibles. A titre d'exemple, le mot **obrigado** ressemble à **briga**. Question vocabulaire, l'expression locale pour désigner un petit pain est **papo-seco**, tandis qu'à Lisbonne on parle plutôt de **pãozinho**. Dans les régions rurales la prononciation des mots est en général plus prolongée et mélodieuse. Dans une des régions isolées du nord il existe même encore une vieille forme de latin. Attendez-vous donc à des différences et n'oubliez pas qu'elles existent dans tous les pays. Ce que vous avez appris jusqu'à présent constitue une excellente base à partir de laquelle vous pourrez avancer.

En ce qui concerne la grammaire, ce que nous avons abordé ici vous donne les connaissances suffisantes pour vous lancer dans des conversations simples de tous les jours. Par ailleurs, il est essentiel de faire l'effort de bien apprendre les conjugaisons. Dans cette méthode vous avez commencé par parler d'actions au présent de l'indicatif, vous avez découvert qu'il existe une façon simple de parler du futur, en utilisant le verbe *aller* (**ir**), et vous avez même abordé la structure de deux formes du passé. Pour progresser dans votre apprentissage et pour vous préparer à de véritables conversations en portugais, vous devez à présent approfondir vos connaissances.

Ce qui est essentiel dans l'apprentissage d'une langue est de ne jamais cesser de la pratiquer à l'oral et à l'écrit. Bien entendu l'idéal serait que vous puissiez aller au Portugal pour vous immerger complètement dans un bain linguistique. À défaut, pratiquer dix à quinze minutes par jour est un bon compromis. Les films, la radio, la télévision par satellite sont autant d'outils pour améliorer votre compréhension orale. La lecture étant également vitale, il serait très utile de vous procurer des magazines ou des journaux, ou d'en consulter sur Internet, et de lire les petits articles ne serait-ce que pour essayer d'en comprendre l'idée générale. N'entreprenez pas tout de suite la lecture d'articles trop complexes qui risqueraient de vous décourager. La meilleure façon de procéder est d'avancer petit à petit. Mieux vaut des séances d'étude courtes mais fréquentes que des séances longues mais trop espacées.

Et maintenant ? Pour bâtir sur ce que vous avez acquis il vous faut une méthode pour un niveau plus avancé, ou, dans l'idéal, il vous faudrait suivre un cours dans une classe. Cela vous permettrait de travailler votre expression orale avec d'autres personnes, et de vous faire corriger par le professeur. Quel que soit votre choix, souvenez-vous que l'important est d'éprouver du plaisir à étudier le portugais et de le pratiquer lors de vos voyages. **Boa sorte!**

Annexes

Test de révision

Pour vous aider à évaluer vos progrès avec *Portugais Méthode express* nous avons mis en place deux tests de révision basés sur les chapitres que vous avez déjà étudiés. Le **premier test** couvre les Chapitres 1 à 10, le **deuxième test** les Chapitres 11 à 19. Chacun d'eux est constitué d'un exercice pour chaque chapitre étudié.

Les réponses se trouvent dans le **Corrigé des tests de révision**, pages 194-195. Lorsque les questions requièrent des réponses libres, nous vous donnons en général une réponse type pour vous guider.

Le nombre de points alloués à chaque question (sur un total de 70 points par test) est indiqué pour vous permettre de connaître votre score. Voici quelques indications qui vous permettront d'évaluer vos performances :

60-70 points	Bravo ! Vous maîtrisez très bien tout ce que vous avez appris.
46-59 points	Très bien. Vous maîtrisez la plupart des thèmes abordés dans les chapitres. Essayez d'identifier les points qui nécessitent d'être retravaillés, puis révisez-les.
35-45 points	C'est bien, mais certains thèmes sont à revoir.
Moins de 35 points	Ce n'est pas si mal, mais il vaudrait peut-être mieux retravailler tous les chapitres. Lorsque vous aurez fait cela, refaites le test afin d'évaluer vos progrès.

L'apprentissage d'une langue est un processus qui nécessite du temps, il n'y a donc aucune raison de vous affoler si vous n'avez pas été capable de vous souvenir de tous les points traités dans cette méthode. Ne vous découragez pas : faites une pause de quelques jours, et vous verrez que lorsque vous vous y remettrez tout vous paraîtra beaucoup plus clair.

Premier test de révision : Chapitres 1 à 10

Ce test couvre les points de vocabulaire et d'expression, de grammaire et de langue les plus importants. Référez-vous à la page 178 pour savoir comment interpréter votre résultat, et à la page 194 pour vérifier vos réponses. **Boa sorte!** *Bonne chance !*

1) Pouvez-vous faire les choses suivantes ? Donnez les réponses à voix haute, puis écrivez-les. Chaque bonne réponse vaut deux points.

   a   Dire « bonjour » et demander à une personne comment elle va en employant le vouvoiement.
   b   Demander à une personne comment elle s'appelle en employant le tutoiement.
   c   Donner votre propre nom.
   d   Dire comment vous allez.
   e   Dire « au revoir » et « à bientôt ».

   Points : _____ / 10

2) En français, à quoi correspondent les nationalités / langues suivantes ?

   a   brasileiro
   b   espanhol
   c   belga
   d   alemão
   e   francês

   Points : _____ / 5

3) Terminaisons verbales : pouvez-vous compléter les verbes avec les terminaisons correctes en fonction du sujet ?

-a	-am	-am	-o	-a	-amos

   a   Eu mor____.
   b   Nós trabalh_____.
   c   Ela pint____.
   d   Vocês fal____.
   e   O senhor and_____.
   f   Eles estud_____.

   Points : _____ / 6

Test de révision

4) Les membres de la famille : pouvez-vous donner leur traduction en français ?

- **a** o pai
- **b** a filha
- **c** o irmão
- **d** a mulher
- **e** os filhos
- **f** a mãe

Points : _____ / 6

5) Décrire un endroit : pouvez-vous compléter les adjectifs suivants avec les lettres qui manquent ?

- **a** l_m_o
- **b** mov _ m _ nt _ d _
- **c** c _ l _ o
- **d** hi _ _ ó _ i _ o
- **e** in _ e _ es _ an _ e.

Points : _____ / 5

6) Pouvez-vous donner cinq mots portugais relatifs à la maison (ex. : noms de pièces ou de meubles) ?

Points : _____ / 5

7) L'heure : pouvez-vous donner les heures suivantes en portugais ?

- **a** midi
- **b** 2h10
- **c** 6h30
- **d** 8h45
- **e** 4h00 (de l'après midi)
- **f** 7h55 (du matin)

Points : _____ / 6

8) Pouvez-vous faire les choses suivantes ? Chaque bonne réponse vaut deux points.

- **a** Dire quelque chose que vous aimez faire pendant votre temps libre.
- **b** Dire à quelle fréquence vous allez au supermarché.
- **c** Demander à une personne si elle aime écouter de la musique.
- **d** Dire ce qu'un membre de votre famille aime faire.

Points : _____ / 8

9) Combien de mois de l'année pouvez-vous prononcer et écrire correctement ? Chaque bonne réponse vaut un point.

Points : _____ / 12

10) Pouvez-vous dire les choses suivantes en portugais ?

- **a** en voiture
- **b** j'aimerais
- **c** plus de 20 euros
- **d** 200
- **e** à vendre
- **f** dans l'avion de 9h30
- **g** mange ! / mangez !

Points : _____ / 7

Deuxième test de révision : Chapitres 11 à 19

11) Pouvez-vous faire les choses suivantes ? Deux points pour chaque bonne réponse.
   a Dire « Y a-t-il une gare ici ? ».
   b Demander à quelle heure part le train pour Faro.
   c Demander une liste d'hôtels au Centro de turismo.
   d Demander à une personne s'il / elle sait où se trouve le musée en employant le vouvoiement.
   e Dire « c'est à gauche ».
   f Dire « prenez la première rue à droite ».

   Points : _____ / 12

12) Que veulent dire les pancartes suivantes ?
   a sanitários
   b fechado
   c entrada
   d aberto
   e não fumar
   f saída de emergência.

   Points : _____ / 6

13) Pouvez-vous donner en portugais le nom de :

   trois légumes / trois fruits / trois poissons / trois viandes / trois articles d'épicerie / trois vêtements / trois couleurs ?

   Un point pour chaque mot.

   Points : _____ / 21

14) Qu'y a-t-il au menu suivant ?

pão e manteiga	salada e batatas fritas
sopa de legumes	pudim flan
sardinhas assadas	vinho tinto

   Points : _____ / 6

15) Mettez les lettres dans l'ordre de façon à retrouver des parties du corps.
   a BAEAÇC
   b BORÇA
   c NRAEP
   d ABCO
   e MOÃ

   Points : _____ / 5

16) Quel est le verbe portugais qui pourrait être utilisé dans toutes ces situations ?
  a Tu crois que le pneu est crevé ?
  b Ana pense qu'il va pleuvoir.
  c Il ne trouve pas ses clés.
  d Je trouve que ce n'est pas cher.
  e Elle pense que c'est une très bonne idée.

Points : _____ / 5

17) Pouvez-vous traduire les phrases suivantes en portugais ?
  a Avez-vous des chambres libres ?
  b Pour deux personnes.
  c J'aimerais réserver une chambre.
  d J'ai une chambre réservée.
  e La climatisation ne marche pas.

Points : _____ / 5

18) Pouvez-vous traduire les termes suivants en français ?
  a vento **b** sol **c** frio **d** chuva **e** neve

Points : _____ / 5

19) Verbes au passé : pouvez-vous traduire les phrases suivantes en portugais ?
  a J'ai parlé.   **d** Nous avons mangé.
  b Tu as fait.   **e** Ils ont vu.
  c Il est parti.

Points : _____ / 5

Chapitre 1

1.1 está / Estou / bem, obrigada / noite / até / Boa.

1.2 a Olá, bom dia. **b** Bom dia (*ou* boa tarde *si après midi*). **c** Boa tarde, até amanhã. **d** Adeus (*ou* Tchau), até já (*ou* até logo). **e** (Olá,) boa noite.

Document : Dans l'après-midi (**tarde**).

1.3 a Boa tarde. Estou bem, obrigado/a. E o Nuno, como está? **b** Adeus (*ou* Tchau), até amanhã.

1.4 a Como se chama? **b** Como te chamas? **c** Como se chama (o senhor)?

1.5 Adeus; até já; até logo; boa tarde; bom dia; olá.

1.6 Bom dia, como está? / Estou bem, obrigado, e a senhora? / Bem, obrigada. / Desculpe, como se chama? / Chamo-me Lúcia, e o senhor? / Eduardo. / Muito prazer. / Igualmente.

Autoévaluation : a Boa tarde, como está? **b** Boa noite, até à próxima. **c** Como te chamas? **d** Chamo-me + *votre nom*. **e** Desculpe! **f** Muito prazer.

Chapitre 2

2.1 a Sou da [França]. **b** Sou [francês/francesa]. **c** De onde é, senhor Silva? / O senhor Silva é de onde? **d** A Ana é brasileira. **e** De onde são (os senhores)? **f** O Steve é da Inglaterra. **g** O senhor e a senhora Nicolet são suíços.

2.2 a portuguesa **b** Alemanha **c** belga **d** franceses **e** Itália **f** suíças.

2.3 b O senhor e a senhora Schmidt são alemães. (Eles) são da Alemanha. **c** O Pierre é da Bélgica. (Ele) é belga. **d** O Martin, o Léo e a Jade são da França. (Eles) são franceses. **e** O Marco Giovanni é italiano. (Ele) é da Itália. **f** A Martine e a Lilie são da Suíça. (Elas) são suíças.

2.4 **a** Fala italiano? **b** Não sou canadiano/canadiana. **c** Falo português e francês. **d** Fala português? **e** Não sou alemão/alemã mas falo alemão.

2.5 **a** F **b** V **c** V **d** V **e** F

Document 1 : **a** L'anglais **b** L'allemand et l'italien.

2.6 **a** Sim, falo um pouco. **b** Não, não sou alemão/alemã, sou [francês/francesa]. **c** Sim, falo francês e também italiano. **d** Obrigado/obrigada, adeus.

Document 2 : français, portugais et allemand.

Autoévaluation : **a** De onde é, Paulo? **b** Sou [da França]. **c** (O senhor Mendes) é brasileiro? **d** De onde são (os senhores)? **e** Somos [franceses/francesas]. **f** A Júlia é portuguesa. **g** O João é dos Estados Unidos? **h** Fala francês? **i** Não, não falo alemão. **j** Sim, sou francês/francesa.

Chapitre 3

3.1 **a** Onde mora (vive), senhora Gomes? **b** Vivo na França. **c** A Maria mora (vive) na praça da República. **d** Onde moram os senhores? **e** (O Renato) vive na Alemanha?

3.2 **a** A Lúcia mora na avenida... **b** Nós moramos na rua... **c** Mora no beco... **d** Eles moram na praça...

3.3 **a** iii **b** iv **c** i **d** ii **e** v

Document : Pastelaria Antiqua.

3.4 **a** Onde (é que) trabalha, senhor Gomes? **b** Sou estudante. **c** O que (é que) faz, José? **d** Trabalho num/numa... **e** Não trabalho.

3.5 **a** Cinco **b** doze **c** treze **d** dezoito **e** dois **f** dezanove.

3.6 **a** Universidade **b** banco **c** empresa **d** aeroporto **e** escritório **f** escola.

Autoévaluation : **b** Onde moram os senhores? **c** Moro (vivo) em [Marselha]. **d** Moro numa rua… /praça…/avenida... **e** Moro numa casa moderna. **f** Onde (é que) trabalha? **g** O (que é) que faz? **h** Sou [professor(a)]. **i** Trabalho [numa escola].

Chapitre 4

4.1 **a** o meu irmão **b** a nossa mãe **c** a sua filha **d** os nossos filhos **e** o teu pai.

4.2 **a** A Ana é a filha mais nova. **b** O Miguel é o nosso irmão mais alto. **c** Estes são os meus filhos mais velhos. **d** O António é mais baixo. **e** A Maria e a Paula são mais altas.

4.3 **a** Chama-se Rosa. **b** Trabalha numa escola secundária. **c** É o Roberto. **d** É muito calma. **e** Trabalha num hospital. **f** Não, é alto.

4.4 **a** Tem uma filha? **b** Temos dois filhos. **c** Ela tem um irmão? **d** Tenho uma irmã. **e** Têm filhos?

4.5 barulhento; calmo; desportivo; elegante; honesto; nervoso; preguiçoso; sério.

```
P R E G U I Ç O S O
A T C L I A T I T V
T S A O S S E N A I
R E L I E P E E V T
I N M N Q H C R I R
T A O X L A M V C O
N H U U S B L O O P
E M R O I R E S A S
R A R T A S T O L E
B E L E G A N T E D
```

Document : une personne de 25 ans maximum, qui ne soit pas étudiante, travailleuse.

4.6 Quantos anos tem a sua filha? Ela tem onze anos.

Autoévaluation : **a** Este é o meu marido./Esta é a minha mulher. **b** Aquele é o meu irmão./Aquela é a minha irmã. **c** Este é o nosso filho./Esta é a nossa filha. **d** Aquela é a minha irmã mais nova. **e** O meu marido é [sério...]./A minha mulher é [honesta...]./O meu professor é [calmo...]. **f** Sou [encantador...]. **g** Quantos anos tem? **h** Tenho [x] anos.

Chapitre 5

5.1 a Os senhores gostam de frango? **b** Não gostas de caldo verde? **c** Não, não gosto. **d** Gostamos muito (imenso) de sardinhas. **e** Paula gosta um pouco de arroz de marisco. **f** Gostam imenso da comida portuguesa.

5.2 a a **b** o **c** amos **d** as **e** am.

5.3 a iii **b** i **c** v **d** ii **e** iv

Document 1 : riz aux fruits de mer (**arroz de marisco**).

5.4 a Sim, gosta. **b** Porque é um país muito limpo. **c** Porque tem um clima agradável. **d** Não, não gostam muito. **e** A mulher do Nuno prefere a Espanha. **f** Porque preferem o barulho.

Document 2 : des vacances différentes.

5.5 a Prefiro a França porque é um país histórico. **b** O senhor Antunes prefere a Suíça ou a Espanha?/Que prefere, senhor Antunes, a Suíça ou a Espanha? **c** A Sónia prefere a Itália porque é interessante. **d** Qual preferem (os senhores), os Estados Unidos, ou o Japão? **e** Preferimos a Holanda porque é bonita.

5.6 a velho **b** movimentado **c** caro **d** sujo **e** calmo **f** limpo.

Autoévaluation : a Gosta de frango? **b** Gosto um pouco de sardinhas. **c** O Miguel gosta imenso da comida portuguesa. **d** O Senhor não gosta do caldo verde? **e** Prefiro Portugal porque é interessante. **f** Qual preferem, a Itália ou o Japão? **g** Preferimos a comida espanhola.

Chapitre 6

6.1 a Celui d'Ana Maria **b** Celui de Roberto.

6.2 típica/três/pequenos/grande/terraço/há/casa-de-banho/baixo/cozinha/de/sala de jantar.

6.3 [*Réponse typique*] : A minha casa é uma casa moderna. Fica num bairro moderno. A casa tem dois quartos no andar de cima, e uma cozinha e uma sala de estar no andar de baixo. Gosto da minha casa.

6.4 a O sofá está em frente da lareira. **b** Há um vaso de flores. **c** O gato está debaixo da mesa. **d** Sim, há. **e** Há um quadro bonito e um armário. **f** Não, há um chuveiro.

6.5 a F **b** F **c** F **d** V **e** F **f** V

6.6 a O gato está en cima do frigorífico. **b** Há um armário ao lado da estante. **c** Há um sofá detrás da mesa? **d** O chuveiro não é na cozinha. **e** O fogão está ao lado da máquina de lavar. **f** O gato está em frente da poltrona?

Document : a Trois. **b** Oui.

Autoévaluation : a [Tenho um apartamento moderno.] **b** [A minha casa tem... uma cozinha...] **c** Como é a sua casa? **d** Tenho uma cozinha pequena/casa-de-banho grande. **e** Há dois/três/ quatro/cinco quartos. **f** Não há uma sala de estar/sala de jantar. **g** [O sofá está ao lado da mesa.] **h** [O frigorífico está na cozinha.] **i** O que há no quarto?

Chapitre 7

Avant de commencer : A. quinze, six, dix-neuf, trois, dix-sept, quatre, seize, cinq, quatorze, sept. **B.** doze, seis, dezoito, dois, quinze, dez.

7.1 a levanta-se **b** 9 horas **c** janta/sete/um quarto **d** aula de japonês **e** à uma.

7.2 a iii **b** vi **c** iv **d** i **e** v **f** ii

7.3 a iii **b** i **c** iv **d** ii **e** v

7.4 [*Respostas types*] **a** Levanto-me às sete horas. **b** Almoço ao meio-dia. **c** Chego em casa às cinco e meia. **d** Deito-me às dez e um quarto.

Document : Mercredi matin (**4.a feira de manhã**).

7.5 **a** Levanto-me cedo. **b** (Ele) não se deita tarde. **c** A que horas se vestem? **d** Não nos vestimos rapidamente. **e** Como se chamam? **f** A que horas te levantas?

7.6 **a** compreende **b** parte **c** comemos **d** vivem **e** abres **f** bebe.

Autoévaluation : **b** A que horas se levanta? **d** Não nos deitamos antes das dez e meia. **e** A que horas almoça aos domingos (Paulo)? **f** Não como muito às terças. **g** A que hora vai à igreja Jorge? **h** Que horas são?

Chapitre 8

8.1 **a** Maria, o que gosta de fazer nos tempos livres? **b** Gosto de costurar **c** Os senhores gostam de viajar? **d** Gostam de praticar desporto? **e** [Não gosto de dançar] **f** Gostas de nadar nos tempos livres?

8.2 **a** Sim, claro. **b** Não, não somos portugueses, somos franceses. Somos de [Paris]. **c** Sim falo um pouco de português. **d** Gosto de ir ao teatro. **e** O meu marido / a minha mulher gosta de trabalhar no jardim e os meus filhos gostam de practicar desporto. **f** Sim, claro!

Document 1 : Oui.

8.3 livros/Leio/dias/vejo/ouve/joga/nunca/lê/gosta/vão/todas/vez/quando/fazem.

8.4 **a** iii **b** vi **c** iv **d** i **e** v **f** ii

8.5 **a** cada dia **b** uma vez por mês **c** de vez em quando **d** muitas vezes **e** nunca **f** às vezes **g** todos os dias

Document 2 : Tous les jours.

Autoévaluation : **a** O que gosta de fazer nos tempos livres? **b** [Gosto de dançar.] **c** Claro que pode. **d** O meu marido/a minha mulher gosta de... **e** Vejo televisão [todos os dias.] **f** Ouvem muitas vezes música? **g** Vou à cidade para fazer compras.

Chapitre 9

Lecture : 1 Na ilha do Paraíso. 2 Passear. 3 No mar e nas três piscinas. 4. Há quadras de ténis, piscinas, campo de golfe e desportos aquáticos. 5. A oportunidade de relaxar num ambiente natural e especial.

9.1 **a** Vou muitas vezes para a Itália na primavera. **b** Gosto da cultura italiana. **c** O nosso filho vem sempre connosco, mas a nossa filha prefere viajar com o namorado. **d** Em geral ficamos em casa, mas eu e a minha família queremos visitar Paris no Outono.

Corrigé des exercices

9.2 a conheço **b** conhece **c** conhecem **d** conhecem **e** conhecemos.

9.3 [*Réponses types*] **a** Eu vou tirar férias em Abril. **b** Tu vais viajar pela Suíça no ano que vem. **c** Você vai visitar o meu amigo amanhã. **d** Nós vamos trabalhar no jardim no sábado. **e** Os senhores vão nadar no mar em Julho. **f** Eles vão jogar golfe na sexta-feira.

9.4

A	J	U	L	H	O	B	F	C	O
D	D	E	I	F	G	H	E	I	R
S	E	J	R	K	L	O	V	M	B
E	Z	N	B	O	H	P	E	Q	U
T	E	J	A	N	E	I	R	O	T
E	M	R	U	S	T	O	E	U	U
M	B	J	V	W	X	Y	I	Z	O
B	R	A	B	C	O	Ç	R	A	M
R	O	R	B	M	E	V	O	N	M
O	T	S	O	G	A	D	E	F	G

9.5 a Gostaria de visitar a Alemanha. **b** O Paulo não gostaria de trabalhar às segundas-feiras. **c** Gostariam de almoçar connosco? **d** O meu marido/a minha mulher gostaria de provar a comida brasileira. **e** Gostaríamos de viajar pelos Estados Unidos.

Document : juillet, août et début septembre.

9.6 a V **b** F **c** F **d** V **e** V

Autoévaluation : **a** Onde vão passar as férias este ano? **b** Quero conhecer a Grécia. **c** A minha família sempre passa as férias em Portugal. **d** Sabe nadar? **e** No ano que vem vou passar as férias [na Itália]. **f** Quer vir também?

Chapitre 10

10.1 geral/de/volto/dias/barato/rápido/fins/fora/vou/gosto/bicicleta/férias/barco/avião.

10.2 huit cent soixante-deux ; mille deux cent quarante et un ; trois cent quarante-neuf ; deux mille sept cent soixante-six ; deux cent quatre-vingt-dix-neuf ; sept cent cinquante-huit ; cinq mille cinq cent douze ; dix mille cent cinquante ; six cent quatre-vingt-trois ; trois mille trois cent soixante et onze.

Document : 214323747/214329624.

Lecture : **1** Uma bicicleta. **2** É bonita. **3** Passear no campo, chegar mais rápido ao trabalho e melhorar a saúde. **4** Custa 20 euros. **5** É barata.

10.3 a Vou para o trabalho no carro do meu amigo/da minha amiga. **b** O Paulo vai para o hospital de autocarro. **c** A Ana viaja no comboio das duas e meia. **d** O senhor e a senhora Costa vão de férias de barco. **e** Vamos ao cinema no autocarro das sete e um quarto. **f** Viajas de avião?

10.4 a compre **b** comam **c** partam **d** viaje **e** falem **f** beba.

Autoévaluation : **a** Como se chama/te chamas? **b** Muito prazer. **c** Sou [francesa], sou de [Nantes]. **d** O meu marido/a minha mulher fala português. **e** Onde (é que) moram? **f** Trabalho [numa universidade]; sou [professora]. **g** Tenho [30] anos. **h** [O meu pai é alto e honesto.] **i** Gosta/gostas de café? **j** Prefiro a França. **k** A minha casa é [um apartamento antigo]. **l** O sofá/a mesa/o armário está ao lado de ... **m** Que horas são? **n** [Levanto-me às sete horas e vou para o trabalho, volto para casa às cinco e meia, janto às sete e deito-me às onze]. **o** Gostam de viajar? **p** Nos tempos livres gosto de ler. **q** Onde passa/passas as férias? **r** Eu e a minha família gostaríamos de visitar a Espanha. **s** Como vai/vais para o trabalho? **t** *Et surtout, prenez votre temps !*

Chapitre 11

11.1 a Há autocarros para Lisboa? **b** A paragem é ali à esquerda. **c** A praça de táxis é ali à direita. **d** A que horas parte o comboio para Faro? **e** Às seis e quinze da tarde. **f** A que horas chega o barco? **g** Há um aeroporto aqui perto? **h** A rodoviária é ali mesmo em frente. **i** Para o porto, se faz favor.

11.2 a Boa tarde, queria dois bilhetes para Loulé, se faz favor. **b** De ida e volta, se faz favor. **c** Primeira. Qual é a linha para Loulé? **d** A que horas parte o comboio? **e** A que horas chega? **f** Obrigado/a.

Document : **a** Un aller simple. **b** Deuxième classe.

11.3 a É sim. É um centro turístico. **b** Há um castelo interessante e uma catedral gótica. **c** Pratos de peixe e marisco, cataplanas, sardinhas assadas e doces de amêndoa e figo. **d** Na Quinta do Lago. **e** Não, não produz. **f** É uma típica cidade de pescadores.

11.4 a Vire à esquerda, siga em frente e o banco fica à esquerda na esquina. **b** Vire aqui à esquerda e depois à esquerda. Tome a terceira rua à esquerda e siga em frente. O mercado fica à direita. **c** Vá em frente e vire à direita. Tome a primeira rua à direita e siga até à estação que fica em frente. **d** Vire à esquerda e depois à direita. Siga em frente, pela praça Dom João até à Rua 5 de Outubro. Depois, vire à esquerda e vá em frente. O centro de turismo é ali à direita.

11.5 a mercado **b** estação **c** centro de turismo.

Chapitre 12

12.1 i b ii d iii a iv c v e

Pancartes : **a** Pour les enfants **b** Interdit de fumer **c** Interdit de stationner **d** Ouvert de 10h à 12h **e** Danger **f** Sortie de secours **g** Entrée interdite **h** Fermé

Document : **a** Stationner entre 13h et 15h. **b** Parce que c'est une sortie de secours.

12.2 **1** suíços **2** passaporte **3** morada **4** selos **5** trocar **6** assinar **7** cartas **8** caixa.

Chapitre 13

Mots cachés : banana; carapau; espadarte; javali; laranja; lulas; melancia; pêra; pimento; repolho.

13.1 **a** cenouras **b** porco **c** presunto **d** bolachas **e** fósforos **f** água **g** pasta de dentes **h** ovos.

Document : Oui.

13.2 **a** Em vários lugares: feiras, centros comerciais, casas de moda. **b** Sim. **c** Não. **d** Uma blusa. **e** Azul. **f** Preto. **g** De salto alto. **h** Sim, gosta.

13.3 **a** Bom dia. Queria um litro de leite e um pão de forma. **b** Não faz mal. Levo um. Tem presunto? **c** Então pode cortar-me seis fatias, se faz favor? **d** Quero também uma lata de azeitonas e uma barra de sabão. **e** É tudo, obrigado/a. Quanto é?

Chapitre 14

14.1 **a** O Paulo: uma bica, uma sandes de fiambre e um pastel de nata. **b** O Nuno: um galão, uma sandes de queijo, um pastel de bacalhau e um pastel de nata. **c** AAna: um café, uma sandes de fiambre e dois pastéis de bacalhau. **d** A Maria: um pingado, uma sandes de fiambre e dois pastéis de nata. **e** O Miguel: um café, um pastel de bacalhau e um pastel de nata.

14.2 a Frango **b** Exótica **c** Mexicale **d** Quatro estações **e** Neptuno.

14.3 a Tous les jours. **b** De 11h30 à 24h (et de 11h30 à 02h00 le vendredi, le samedi et la veille de jours fériés). **c** Oui, pour les étudiants, le lundi. **d** O que vais escolher? **e** Acho que quero uma pizza de frango. **f** Tens muita fome! **g** Não bebes nada? **h** Vou pedir uma 7 Up. **i** Queres um refrigerante? **j** Quero uma dose de batatas fritas.

Document : Du vin et de l'eau.

14.4 a Boa noite, tem sopa? **b** Queria um caldo verde. **c** Queria meia dose do bacalhau. Vem com salada? **d** Está bem. **e** Pode ser o pudim flan. **f** Pode ser meia garrafa de vinho branco e, depois, uma bica.

14.5 A) 10, 13 B) 1, 16 C) 2, 15, 18 D) 7, 9, 12, 19 E) 4, 8, 11, 17, 20 F) 3, 5, 6, 14

Chapitre 15

15.1 a Dói-me a garganta./Tenho dor de garganta. **b** A minha filha cortou o dedo. **c** Doem-me os ouvidos./Tenho dor de ouvidos. **d** O meu marido apanhou uma insolação. **e** Creio que o meu filho vai vomitar. **f** Bati com o dedo do pé. **g** A minha amiga magoou a perna.

15.2 [exemple de formulaire rempli]

```
Thierry Pommier
56
10/03/40
Clermont-Ferrand, France
12 impasse des cerises, 75011 Paris, France
0033 1 43 52 98 03
030499207821
140034057634213
Mme Isabelle Martin, 27 rue d'Auxerre,
Orléans, France
```

Document : Pour la gorge.

Lecture : **1** Le 21 7950 680. **2** Pour les appels non urgents. **3** Les secours d'urgence. **4** Le 232 424 124. **5** En cas d'incendie (**bombeiros** = pompiers).

Chapitre 16

16.1 a conhece **b** sabemos **c** conhecer **d** conhecem **e** sabe

16.2 a Este é o caminho certo para Lisboa? **b** Vai demorar muito? **c** O meu carro está avariado. **d** Preciso de um reboque. **e** Quero oito litros de gasolina sem chumbo. **f** Aceita cartão de crédito? **g** Pode encher o depósito.

16.3 a É, sim. **b** Devem ter uma caixa de primeiros-socorros e um triângulo vermelho. **c** Não (se é mais do limite). **d** Deve-se observar um limite de velocidade de 90 Km/h e expor um autocolante no vidro traseiro do carro. **e** É 120 Km/h.

16.4 avariado; depósito; estrada; gasolina; óleo; pneu; reboque; travões.

Chapitre 17

17.1 a Tem quartos vagos? **b** Somos três. **c** Queria reservar um quarto individual. **d** É a/da Pensão Sol? **e** Qual é o preço com pequeno-almoço?

Dialogue : Sa chambre a le numéro trois cent vingt-cinq et elle donne sur la mer.

Document : a Pour deux. **b** C'était gratuit.

17.2 i b ii d iii a iv c v e

Lecture : 1 32. **2** Un service personnalisé. **3** Le meilleur de la cuisine régionale. **4** La possibilité de découvrir la manière de vivre dans les villes et les villages portugais./Le sens de l'art et le plaisir de voyager. **5** Dans des endroits d'une rare beauté.

17.3 a Tem quartos vagos para hoje? **b** Somos três. **c** Vamos ficar duas noites. **d** Queria um quarto de casal e um quarto individual. **e** Sim, se faz favor; qual é o preço?

Chapitre 18

18.1 a Sim, tem. **b** Não, não tem. **c** Do lago. **d** A chuva pinga em cima das tendas. **e** No fundo do parque. **f** Vão ficar oito dias. **g** Vende tudo : mercearia, jornais, garrafas de gás, coberturas impermeáveis. **h** Às sete e meia da manhã.

Document : **i** autocarro **ii** tenda pequena **iii** caravana **iv** auto-caravana **v** tenda grande **vi** automóvel.

18.2 a F **b** V **c** F **d** V **e** F **f** V

Lecture : 1 F **2** V **3** V **4** F **5** V **6** F

18.3 a iii **b** vi **c** iv **d** i **e** v **f** ii

18.4 a Vai fazer/estar calor. **b** Vai fazer/estar sol. **c** Faz/está frio. **d** Vai chover. **e** Há/está vento. **f** Está a nevar. / Há neve.

Chapitre 19

19.1 a i O Paulo foi ao parque. **ii** Tu viste o filme. **iii** Eu e a Maria visitámos a cidade. **iv** Vocês fizeram muitas coisas interessantes. **v** Eu trabalhei ontem. **b i** Vamos ao parque hoje? **ii** Quero jogar futebol. **iii** O que fizeste ontem? **iv** Fui à praia. **v** Gostou do parque, Jean?

Lecture : La mère : activité 2 ; le père : 6 ; le frère : 4 ; les sœurs : 5 ; les grands-parents : 7.

19.2 a A semana passada eu e a minha irmã visitámos Lisboa. **b** Fomos a um palácio e vimos muitas coisas interessantes. **c** Não, comemos num café na praça. **d** Sim, gostámos muito.

Corrigé des exercices

Corrigé des tets de révision

1 **a** Bom dia, como está? **b** Como te chamas? **c** Chamo-me [Élodie]. **d** [Estou bem.] **e** Adeus, até logo.

2 **a** Brésilien **b** Espagnol **c** Belge **d** Allemand **e** Français

3 **a** moro **b** trabalhamos **c** pinta **d** falam **e** anda **f** estudam

4 **a** le père **b** la fille **c** le frère **d** la femme **e** les enfants **f** la mère

5 **a** limpo **b** movimentado **c** calmo **d** histórico **e** interessante

6 [cozinha, sala de estar, sala de jantar, casa de banho, quarto, terraço, etc.] *Reportez-vous au Chapitre 6 pour davantage de mots.*

7 **a** meio-dia **b** duas e dez **c** seis e meia **d** nove menos um quarto *ou* menos quinze **e** quatro horas (da tarde) **f** oito menos cinco (da manhã)

8 **a** [Gosto de nadar.] **b** Vou ao supermercado [todos os sábados]. **c** Gosta de escutar música? **d** [O meu marido gosta de andar de bicicleta.]

9 *Reportez-vous au Chapitre 9 pour le nom des mois de l'année.*

10 **a** de carro **b** queria **c** mais de vinte euros **d** duzentos **e** vende-se **f** no avião das nove e meia **g** come! *ou* coma! *ou* comam!

11 **a** Há uma estação de comboios *ou* de caminhos-de-ferro aqui? **b** A que horas sai o comboio para Faro? **c** Tem uma lista de hotéis? **d** Sabe onde fica o museu? **e** Fica/É à esquerda. **f** Tome a primeira à direita.

12 **a** Toilettes **b** Fermé **c** Entrée **d** Ouvert **e** Interdit de fumer **f** Sortie de secours

13 *Reportez-vous au Chapitre 13.*

14 Du pain et du beurre, une soupe de légumes, des sardines grillées, de la salade et des frites, une crème caramel, du vin rouge.

15 **a** cabeça **b** braço **c** perna **d** boca **e** mão

16 Achar.

17 **a** Tem quartos vagos? **b** Para duas pessoas. **c** Queria reservar um quarto. **d** Tenho um quarto reservado. **e** O ar condicionado não está a funcionar/não funciona.

18 **a** vent **b** soleil **c** froid **d** pluie **e** neige

19 **a** Falei. **b** Fizeste. **c** Partiu. **d** Comemos. **e** Viram.

a *la* ; *à*

abaixo *au-dessous* ; **mais abaixo** *plus bas*

aberto/a *ouvert(e)*

aborrecido/a *ennuyeux/se*

Abril (m) *avril*

abrir *ouvrir*

acabar *finir* ; *terminer* ; **acabar com** *en finir/terminer avec* ; **acabar-se** *s'épuiser* ; *finir* ; **acabou-se!** *c'est fini !*

aceitar *accepter*

achar *penser* ; *trouver* ; *croire*

acidente (m) *accident*

acolhimento (m) *accueil*

acompanhado/a *accompagné(e)*

aconselhável *conseillé(e)*

acontecer *arriver* ; *se passer* ; **como aconteceu?** *comment ça s'est passé ?*

açorda (f) *soupe au pain* ; **açorda de marisco** *panade de fruits de mer*

acreditar *croire*

adeus! *au revoir !*

admissão (f) *admission*

adulto/a *adulte*

advogado/a *avocat(e)*

aeródromo (m) *aérodrome*

aeroporto (m) *aéroport*

agora *maintenant*

Agosto (m) *août*

agradável *agréable*

agrião (m) *cresson*

água (f) *eau*

ajuda (f) *aide*

ajudar *aider*

albergue (m) *auberge*

aldeia (f) *village*

alegria (f) *joie*

além de *en plus de*

alface (f) *laitue*

alguém *quelqu'un*

algum(a) *quelqu'une* ; *quelque* ; **algumas coisas** *plusieurs choses*

alho (m) *ail*

alho-porro ; **alho francês (m)** *poireau*

alívio (m) *soulagement*

almoçar *déjeuner*

almoço (m) *déjeuner*

alojamento (m) *logement*

alto/a (personne) *grand(e)* **(chose)** *haut(e)* ; **(voix)** *fort(e)*

amanhã *demain*

amarelo/a *jaune*

ambiente (m) *milieu* ; *ambiance*

ambulância (f) *ambulance*

ameixa (f) *prune*

amigo/a *ami(e)*

ananás (m) *ananas*

anchovas (fpl) *anchois*

andar *marcher*

andar (m) *étage* ; **o andar de baixo** *le rez-de-chaussée* ; *en bas* ; **o andar de cima** *le premier étage* ; *en haut*

ano (m) *année* ; **quantos anos tens?** *quel âge as-tu ?* ; **no ano que vem** *l'année qui vient* ; **para o ano** *l'année prochaine*

anteontem *avant-hier*

antes (de) *avant*

antigo/a *ancien(ne)*

apanhar *attraper* ; *prendre* ; **apanhar o autocarro/comboio** *prendre le bus/train* ; **apanhar sol** *prendre le soleil* ; **apanhar uma insolação** *attraper une insolation*

apartamento (m) *appartement*

aperitivo (m) *apéritif*

aquecido/a *réchauffé(e)*

Lexique portugais-français

Lexique portugais-français

aquecimento (m) *chauffage*
aquele/a *ce, cet, cette ; celui, celle*
aqui *ici*
ar (m) *air* ; **ar condicionado** *climatisation*
árabe *arabe*
arder *brûler*
areal (m) *grève ; étendue de sable ; plage*
areia (f) *sable*
armário (m) *armoire, placard*
arredores (mpl) *alentours* ; **nos arredores** *aux alentours*
arroz (m) *riz* ; **arroz de marisco** *riz aux fruits de mer*
arte (f) *art*
artístico/a *artistique*
árvore (f) *arbre*
asa (f) *aile*
aspirina (f) *aspirine*
assim *ainsi*
assinar *signer*
assoalhada (f) *pièce* **(dans une maison)**
até *jusqu'à* ; **até já** *à tout de suite* ; **até logo** *à tout à l'heure* ; **até amanhã** *à demain* ; **até breve** *à bientôt* ; **até à próxima** *à la prochaine*
atracção (f) *attraction*
atrasado/a *en retard*
atrelado (m) *remorque*
atum (m) *thon*
aula (f) *cours*
Austrália (f) *Australie*
australiano/a *australien(ne)*
autocaravana (f) *camping-car*
autocarro (m) *bus, car*
autocolante (m) *autocollant*
auto-estrada (f) *autoroute*
automóvel (m) *automobile*

avaria (f) *panne*
avariado/a *en panne*
aveludado/a (vin) *velouté(e)*
avenida (f) *avenue*
aventura (f) *aventure*
avião (m) *avion*
azeite (m) *huile d'olive*
azeitona (f) *olive*
azul *bleu(e)* ; **azul-claro** *bleu ciel* ; **azul-escuro** *bleu foncé*

bacalhau (m) *morue ; morue salée*
bairro (m) *quartier*
baixo/a *bas(se)* ; **(personne)** *petit(e)* ; **em baixo** *en bas* ; *sous*
banana (f) *banane*
bancário/a *employé(e) de banque*
banco (m) *banque ; siège ; banquette* ; **banco traseiro** *banquette arrière*
banho (m) *bain* ; **tomar banho** *prendre un bain/une douche*
barato/a *bon marché*
barco (m) *bateau*
barra de sabão (f) *pain de savon*
barulhento/a *bruyant(e)*
barulho (m) *bruit*
bastante *assez ; plutôt*
batata (f) *pomme de terre* ; **batatas fritas** *frites*
bater com *se cogner*
beber *boire*
bebida (f) *boisson*
beco (m) *allée*
beleza (f) *beauté*
belga (mf) *belge*
Bélgica (f) *Belgique*
bem *bien*
berbigão (m) *coque*
biblioteca (f) *bibliothèque*

bica (f) *café (expresso)* ; **bica cheia/curta** *café allongé/serré*
bicicleta (f) *bicyclette*
bife (m) *bifteck*
bilhete (m) (ticket) *billet*
blusa (f) *chemisier, chemise*
boa *bonne* ; *bien* ; *guérie* ; **boa!** *super !*
boca (f) *bouche*
bolacha (f) *biscuit*
boleia : pedir/dar boleia (a alguém) *demander à se faire conduire en voiture / conduire quelqu'un en voiture*
bolo (m) *gâteau*
bom *bon* ; *bien* ; *guéri*
bombas de gasolina (fpl) *station-service*
bombeiros (mpl) *pompiers*
boneca (f) *poupée*
bonito/a *joli(e)*
borboleta (f) *papillon*
borrego (m) *agneau*
bota (f) *botte*
braço (m) *bras*
branco/a *blanc(he)*
Brasil (m) *Brésil*
brasileiro/a *brésilien(ne)*
brigada de trânsito (f) *brigade chargée de la circulation*
buraco (m) *trou* ; *fuite*

cá *ici*
cabeça (f) *tête*
cabedal (m) *cuir*
cabine (f) *cabine* ; **cabine de provas** *cabine d'essayage* ; **cabine telefónica** *cabine téléphonique*
cabrito (m) *chevreau*
cada *chaque* ; **cada mês/semana** *tous les mois/toutes les semaines*
café (m) *café*
caixa (f) *caisse* ; *boîte* ; **caixa de primeiros-socorros** *trousse de premiers secours*
calçado (m) (industrie) *chaussure*
calçar *chausser*
calças (fpl) *pantalon*
caldo verde (m) *soupe au chou*
calhar: se calhar *peut-être (que)*
calmo/a *calme*
calor (m) *chaleur* ; **faz/está calor** *il fait chaud*
cama (f) *lit* ; **cama de casal** *lit double* ; **cama individual/de solteiro** *lit simple*
camarão (m) *crevette*
camião (m) *camion*
caminho (m) *chemin*
camioneta (f) *car* ; *autobus*
camisa (f) *chemise*
campo (m) *campagne* ; **campo de golfe** *terrain de golf* ; **campo de ténis** *terrain de tennis*
Canadá (m) *Canada*
canadiano/a *canadien(ne)*
caneca (f) *chope* (**bière**)
capô (m) *capot*
caracóis (mpl) *escargots*
carapau (m) *chinchard*
caravana (f) *caravane*
carioca (m) *café très allongé*
carne (f) *viande* ; **carne de porco** *viande de porc* ; **carne de vaca** *viande de bœuf* ; **carne de vitela/novilho** *viande de veau* ; **carne picada** *viande hachée*
caro/a *cher (chère)*
carro (m) *voiture*
carta (f) *lettre*
cartão (m) *carte* ; **cartão de crédito** *carte de crédit* ; **cartão telefónico** *carte téléphonique*

Lexique portugais-français

Lexique portugais-français

carteira (f) *portefeuille* ; *sac à main*
casa (f) *maison* ; **casa de moda** *magasin de vêtements*
casaco (m) *veste* ; *manteau*
casa-de-banho (f) *salle de bain* ; **as casas-de-banho públicas** *les toilettes publiques*
casal (m) *couple*
caso: em caso de *en cas de*
castelo (m) *château*
cataplana (f) *plat à base de fruits de mer*
catedral (f) *cathédrale*
causa: por causa de *à cause de*
cavala (f) *maquereau*
cavalo (m) *cheval* ; **a cavalo** *à cheval*
cave (f) *sous-sol*
cebola (f) *oignon*
cedo *tôt*
cenoura (f) *carotte*
centro (m) *centre* ; *centre-ville* ; **centro desportivo** *salle de sports* ; **o centro de turismo** *l'office de tourisme* ; **centro de saúde** *centre médical* ; **centro comercial** *centre commercial* ; **centro turístico** *centre touristique*
cereja (f) *cerise*
certo/a *juste* ; *exact(e)*
cerveja (f) *bière*
cervejaria (f) *brasserie*
céu (m) *ciel*
chamada (f) *appel* ; **fazer uma chamada** *passer un coup de téléphone*
chamar-se *s'appeler*
charmoso/a *charmant(e)*
chave (f) *clé*
chefe/a *patron(ne)*
chegar *arriver* ; *suffire*

cheio/a (de) *plein(e) (de)*
cheque de viagem (m) *chèque de voyage*
chover *pleuvoir*
chuva (f) *pluie*
chuveiro (m) *douche*
cidade (f) *ville*
cima: em cima *en haut* ; *dessus* ; **em cima de** *sur*
cimbalino (m) *café (expresso)*
cinema (m) *cinéma*
cinto (m) *ceinture* ; **cinto de segurança** *ceinture de sécurité*
circulação (f) *circulation*
claro/a *clair(e)* ; **claro!** *bien sûr !*
clima (m) *climat*
cobertura (f) *couverture*
codorniz (f) *caille*
coelho (m) *lapin*
coentros (mpl) *coriandre*
cogumelo (m) *champignon*
coisa (f) *chose*
colecção (f) *collection*
com *avec*
comboio (m) *train*
começar *commencer*
comer *manger*
comida (f) *nourriture*
comigo *avec moi*
como *comme* ; *comment* ; **como está?** *comment allez-vous ?*
completamente *complètement*
comprar *acheter*
compras (fpl) *courses (achats)* ; **ir às compras** *faire les courses* ; **fazer compras** *faire du shopping*
comprimido (m) *comprimé*
comunicar *communiquer*
conduzir *conduire*
conhecer *connaître*

conjunto (m) (vêtements) *ensemble*
connosco *avec nous*
conseguir *réussir*
conservar *conserver*
consigo *avec vous* **(sing.)** ; *avec lui/elle*
constipado/a *enrhumé(e)*
conta (f) *addition*
contigo *avec toi*
contra *contre*
contribuinte (m) *contribuable*
controlador(a) de tráfego aéreo *contrôleur(euse) de la navigation aérienne*
cor (f) *couleur*
cordeiro (m) *agneau*
corpo (m) *corps*
correio: os correios (mpl) *la poste*
cortar *couper* ; **cortar-se** *se couper*
corte (m) *coupure* ; **corte de electricidade/luz** *coupure de courant*
costas (fpl) *dos*
costeleta (f) *côtelette*
costurar *coudre, faire de la couture*
coxa (f) *cuisse*
cozinha (f) *cuisine*
creme (m) *crème*
crer *croire*
criança (f) *enfant*
cuidado (m) *attention*
cultura (f) *culture* **(connaissances)**
cultural *culturel(le)*
custar *coûter*

dançar *danser*
data (f) *date* ; **data de nascimento** *date de naissance*
de *de* ; *en* ; *à* ; **de 6 em 6 horas** *toutes les 6 heures*

debaixo *dessous* ; **debaixo de** *sous*
dedo (m) *doigt*
deitar-se *s'allonger* ; *se coucher*
deixar *laisser* ; **deixar de** *arrêter de*
dele/a *son/sa* ; *le sien/la sienne* ; **os pais dele/a** *ses parents*
delicioso/a *délicieux(se)*
demorar *mettre longtemps*
dente (m) *dent*
dentista (mf) *dentiste*
dentro *dedans* ; **dentro de** *dans*
depois *après, ensuite, puis*
depósito (m) *réservoir*
desagradável *désagréable*
desculpar *excuser* ; **desculpe!** *excusez-moi !, pardon !*
desde *depuis* ; *de*
desempregado/a *au chômage*
desmaiar *s'évanouir*
desportivo/a *sportif(ive)*
desporto (m) *sport*
destaque (m) *mention particulière*
detrás (de) *derrière*
devagar *lentement*
dever *devoir*
Dezembro (m) *décembre*
dia (m) *jour* ; **bom dia!** *bonjour !* **(le matin)**
dieta (f) *régime*
difícil *difficile*
dinheiro (m) *argent*
direita (f) *droite* ; **à direita** *à droite* ; *sur la droite*
discoteca (f) *boîte de nuit*
disponibilidade (f) *disponibilité*
dizer *dire*
doce (m) *sucrerie* ; *confiture*
doença (f) *maladie*
doente *malade*
doer *faire mal*

Lexique portugais-français

Lexique portugais-français

domingo (m) *dimanche*
dona de casa (f) *femme au foyer*
dor (f) *douleur ; mal* ; **dor de cabeça** *mal de tête* ; **ter dor de garganta/dentes** *avoir mal à la gorge/aux dents*
dormir *dormir*
dose (f) *portion*
durante *pendant*
dúzia (f) *douzaine* ; **meia dúzia** *une demi-douzaine*

e *et*
ele/a *il/elle* ; **para eles/elas** *pour eux/elles* ; **para ele próprio** *pour lui même*
electricidade (f) *électricité*
elegante *élégant(e)*
elevador (m) *ascenseur*
em *dans ; en ; à ; sur*
ementa (f) *menu* ; **ementa turística** *menu touristique*
emergência (f) *urgence*
empresa (f) *entreprise*
encantador(a) *charmant(e)*
encerrar *fermer*
encher *remplir*
encontrar *trouver*
enfermeiro/a *infirmier(ère)*
então *alors ; dans ce cas*
entender *comprendre*
entrada (f) *entrée* ; **entrada proibida** *entrée interdite*
entre *entre*
entrecosto (m) *entrecôte*
entrevistador(a) *enquêteur*
enxaqueca (f) *migraine*
ervilhas (fpl) *petits pois*
escalope (m) *escalope*
escola (f) *école* ; **escola secundária** *collège*
escolher *choisir*
escrever *écrire*
escritor(a) *écrivain*
escritório (m) *bureau*
espadarte (m) *espadon*
Espanha (f) *Espagne*
espanhol(a) *espagnol(e)*
especialidade (f) *spécialité* ; **especialidade da casa** *spécialité de la maison*
esperar *attendre*
espesso/a *épais(se)*
esplanada (f) *terrasse*
esquadra (f) *commissariat*
esquecer(-se) *oublier*
esquerda (f) *gauche* ; **à esquerda** *à gauche ; sur la gauche*
esquina (f) *(angle extérieur) coin*
estação (f) *gare ; saison* ; **estação dos caminhos-de-ferro/de comboios** *gare ferroviaire*
estacionado/a *garé(e)*
estacionamento (m) *stationnement*
estacionar *(se) garer*
Estados Unidos (mpl) *États-Unis*
estante (f) *(meuble) bibliothèque*
estar *être* ; **está bem** *c'est bon, d'accord* ; **está bom/boa?** *vous allez bien ?* ; **estás bom/boa?** *tu vas bien ?* ; **estou bem** *je vais bien* ; **estou óptimo/a** *je vais très bien*
este/a *ce, cet, celui, celui-ci ; cette, celle, celle-ci*
estilo (m) *style*
estômago (m) *estomac*
estrada (f) *route*
estrangeiro/a *étranger(ère)*
estudante (mf) *étudiant(e)*
eu *je ; moi*
euro (m) *euro*

exactamente *exactement*
exibição (f): em exibição *à l'affiche (film)*
exótico/a *exotique*
experimentar *expérimenter*
expresso (m) *car direct*
extenso/a *étendu(e)*
fácil (de) *facile (à)* ; **fácil de limpar** *facile à nettoyer*
falar *parler*
falésia (f) *falaise*
faltar *manquer*
família (f) *famille* ; **em família** *en famille*
farmacêutico/a *pharmacien(ne)*
farmácia (f) *pharmacie*
farto/a: estar farto/a de *en avoir assez de*
fatia (f) *tranche*
fato (m) *costume*
fazer *faire* ; **faz favor de...** *veuillez... s'il vous plaît* ; **não faz mal** *ce n'est pas grave*
fechado/a *fermé(e)*
feijão (m) *haricot*
feijoada (f) *ragoût de haricots*
feira (f) *marché* ; *foire*
feliz *heureux(se)*
feriado (m) *jour férié*
férias (f) *vacances* ; **passar/tirar férias** *passer/prendre des vacances*
ferido/a *blessé(e)*
ferir *blesser* ; **ferir-se** *se blesser*
Fevereiro (m) *février*
fiambre (m) *jambon blanc*
ficar *être* ; *se trouver* ; *rester* ; *devenir* ; **ficar com** *garder* ; *prendre*
ficha (f) *formulaire*
fígado (m) *foie*
filho/a *fils/fille*

filhos (mpl) *enfants*
filme (m) *film*
fim (m) *fin* ; **no fim de** *au bout de, à la fin de*
fim-de-semana (m) *week-end*
fino (m) (bière) *pression*
flor (f) *fleur*
floresta (f) *forêt*
fogão (m) *cuisinière*
folheto (m) *brochure*
fome (f) *faim*
fora *à l'extérieur*
forno (m) *four*
forte *fort(e)*
fósforos (mpl) *allumettes*
fotógrafo/a *photographe*
fraco/a *faible*
França (f) *France*
francês/esa *français(e)*
frango (m) *poulet*
frasco (m) *bocal* ; *flacon*
freguês/esa *client(e)*
frente (f) *face* ; **ir sempre em frente** *aller tout droit* ; **em frente de/a** *en face de* ; **em frente de** *devant*
fresco/a *frais (fraîche)*
frigorífico (m) *réfrigérateur*
frio/a *froid(e)* ; **faz/está frio** *il fait froid*
fumador(a) *fumeur(se)*
fumar *fumer*
funcionar *marcher* ; *fonctionner*
fundo (m) *fond* ; **ao fundo** *au fond*
furo (m) *crevaison* ; *trou*
futebol (m) *football*

galão (m) *café au lait*
galeria de arte (f) *galerie d'art*
garagem (f) *garage*
garoto (m) *café noisette*

Lexique portugais-français

garrafa (f) *bouteille*
garrafão (m) *bonbonne*
gasóleo (m) *gazole*
gasolina (f) *essence* ; **gasolina super** *super* ; **gasolina sem chumbo** *essence sans plomb*
gato (m) *chat*
geada (f) *givre* ; *gel*
geleia (f) *gelée*
gelo (m) *glace* ; *glaçon*
gente (f) *gens* ; **muita gente** *beaucoup de monde*
geral *général(e)* ; **em geral** *en général*
geralmente *généralement*
girafa (f) (bière) *chope d'un litre*
GNR (Guarda Nacional Republicana) *gendarmerie*
gostar de *aimer* ; **gostava muito de...** *j'aimerais bien…*
gótico/a *gothique*
grama (m) *gramme*
grande *grand(e)*
gravata (f) *cravate*
grave *grave*
Grécia (f) *Grèce*
grego/a *grec(que)*
gripe (f) *grippe*

habitante (mf) *habitant*
haver *avoir*
hipermercado (m) *hypermarché*
histórico/a *historique*
hoje *aujourd'hui*
Holanda (f) *Pays-Bas*
holandês/esa *néerlandais(e)*
homem (m) *homme* ; **homem de negócios** *homme d'affaires*
honesto/a *honnête*
hora (f) *heure* ; **meia (hora)** *une demi-heure* ; *... et demi* ; **a que horas?** *à quelle heure ?* ; **que horas são?** *quelle heure est-il ?*
horário (m) *horaire*
horror (m) *horreur*
hortaliça (f) *légumes*
hospital (m) *hôpital*
hotel (m) *hôtel*

ida (f) *aller* ; **(um bilhete de) ida e volta** *(un) aller-retour*
idade (f) *âge*
ideal *idéal(e)*
identidade (f) *identité*
igreja (f) *église*
igualmente *de même, également*
ilha (f) *île*
imediato/a *immédiat(e)*
imenso *beaucoup* ; *énormément*
imperial (f) *pression* **(bière)**
incluindo *y compris*
informação (f) *information*
Inglaterra (f) *Angleterre*
inglês/esa *anglais(e)*
insolação (f) *insolation*
inteiro/a *entier(ère)*
interessante *intéressant*
Inverno (m) *hiver*
ir *aller* ; **ir para casa** *rentrer chez soi*
irmã (f) *sœur*
irmão (m) *frère*
isolado/a *isolé(e)*
Itália (f) *Italie*
italiana (f) *café (expresso)*
italiano/a *italien(ne)*
IVA (Imposto sobre o Valor Acrescentado) *TVA*
já *maintenant* ; *déjà* ; **já está!** *voilà !* ; **já ali** *juste là* ; **já não** *ne... plus*
Janeiro (m) *janvier*
jantar (m) *dîner*

jantar *dîner*
Japão (m) *Japon*
japonês/esa *japonais(e)*
jardim (m) *jardin*
jardinar *jardiner*
javali (m) *sanglier*
jogar *jouer* **(un jeu)**
jornal (m) *journal*
jovem *jeune*
Julho (m) *juillet*
Junho (m) *juin*

lá *là-bas* ; **lá fora** *dehors* ; **lá dentro** *dedans* ; *à l'intérieur*
lado (m) *côté* ; **ao lado de** *à côté de*
lago (m) *lac*
lama (f) *boue*
lamentar *être désolé(e)*
lampreia (f) *lamproie*
laranja (f) *orange*
lareira (f) *cheminée*
lata (f) *boîte* ; *canette*
lavabos (mpl) *cabinets*
leitão (m) *cochon de lait*
leite (m) *lait* ; **leite magro** *lait écrémé*
ler *lire*
levar *prendre* ; *emporter* ; **para levar** *à emporter*
licença: com licença *pardon* ; *excusez-moi*
ligadura (f) *bandage*
limão (m) *citron*
limite (m) *limite* ; **limite de velocidade** *limitation de vitesse*
limpa-pára-brisas (m) *essuie-glace*
limpar *nettoyer*
limpo/a *propre* ; **(ciel)** *dégagé*
lindo/a *beau (belle)*
língua (f) *langue*
linguado (m) *sole*

linha (f) (dans une gare) *voie*
lista (f) *liste*
litro (m) *litre*
livro (m) *livre*
loção (f) *lotion*
logo *tout de suite* ; *tout à l'heure*
loja (f) *boutique, magasin*
longe *loin*
lugar (m) *endroit* ; *place* ; *emplacement*
lulas (fpl) *calmars*
Luxemburgo (m) *Luxembourg*
luxemburguês/esa *luxembourgeois(e)*
luz (f) *lumière* ; *électricité*

maçã (f) *pomme*
maçada (f) *ennui*
madrugada (f) *aube* ; *matin*
maduro/a *mûr(e)*
mãe (f) *mère*
magoar *blesser, faire mal à* ; **magoar-se** *se blesser, se faire mal*
Maio (m) *mai*
maior *plus grand(e)*
mais *plus* ; **a mais** *en plus* ; **mais?** *autre chose ?* ; **mais de** *plus de* ; **mais ou menos** *plus ou moins* ; **mais tarde** *plus tard*
mal *mal*
mala (f) *sac* ; *valise*
maneira (f) *façon*
manhã (f) *matin* ; **às sete da manhã** *à sept heures du matin*
manteiga (f) *beurre*
mão (f) *main*
mapa (m) *carte* ; **mapa da cidade** *plan de la ville*
máquina (f) *machine* ; **máquina de lavar** *machine à laver* ; **máquina fotográfica** *appareil photo*

mar (m) *mer*
maravilhoso/a *merveilleux(se)*
Março (m) *mars*
marido (m) *mari, époux*
marisco (m) *fruits de mer*
marisqueira (f) *restaurant où l'on mange des fruits de mer*
mas *mais*
mecânico/a *mécanicien(ne)*
médico/a *médecin*
meia de leite (f) *café au lait*
meia-noite (f) *minuit*
meio (m) *moitié* ; **meio quilo** *500 grammes*
meio-dia (m) *midi*
mel (m) *miel*
melancia (f) *pastèque*
melão (m) *melon*
melhorar *améliorer*
menos *moins* ; **pelo menos** *au moins*
mercado (m) *marché* ; *halles*
mercearia (f) *épicerie*
mesa (f) *table*
mesmo/a *même* ; **mesmo em frente** *juste devant* ; *juste en face (de)*
meu *mon* ; *(le) mien* ; **os meus pais** *mes parents*
mexilhão (m) *moule*
mil *mille*
milhão (m) *million*
milho-doce (m) *maïs*
mim *moi*
minha *ma* ; *(la) mienne* ; **as minhas sandálias** *mes sandales*
minimercado (m) *supérette*
minuto (m) *minute*
misto/a *mixte*
moderno/a *moderne*
molhado/a *mouillé(e)*

molho (m) *sauce*
montar *monter*
morada (f) *adresse*
moradia (f) *villa*
morango (m) *fraise*
morar *habiter*
mosquito (m) *moustique*
mostarda (f) *moutarde*
moto(cicleta) (f) *moto*
motor (m) *moteur*
movimentado/a *animé(e)*
muito/a *beaucoup (de)* ; *très* ; **muito bem** *très bien* ; **muitas pessoas** *beaucoup de monde*
mulher (f) *femme* ; **mulher de negócios** *femme d'affaires*
museu (m) *musée*
música (f) *musique*

nacionalidade (f) *nationalité*
nada *rien* ; **de nada!** *de rien !* ; **mais nada** *c'est tout*
nadar *nager*
namorado/a *petit(e) ami(e)*
não *non* ; **não funciona** *ça ne fonctionne pas*
nariz (m) *nez*
nascimento (m) *naissance*
nata (f) *crème*
natural (boisson) *à température ambiante*
nervoso/a *nerveux(se)*
nêspera (f) *nèfle*
nevar *neiger*
neve (f) *neige*
nevoeiro (m) *brouillard*
noite (f) *nuit* ; **boa noite!** *bonsoir ! (quand il fait nuit)*
nome (m) *nom*
nós *nous*

nosso/a *notre* ; *(le) nôtre* ; **os nossos amigos** *nos amis*
Novembro (m) *novembre*
novo/a *nouveau(elle)* ; **(personne)** *jeune*
nublado *nuageux*
número (m) *numéro*
nunca *jamais*
nuvem (f) *nuage*

o *le* ; **o que faz?** *que faites-vous ?*
objecto (m) *objet*
obrigado/a *merci*
obrigatório/a *obligatoire*
ocupação (f) *occupation*
oferecer *offrir*
oficina (f) (automobile) *garage*
olá! *salut !*
óleo (m) *huile*
olho (m) *œil*
onde *où* ; **de onde és?** *d'où es-tu ?*
ondulação (f) (mer) *creux*
ontem *hier* ; **ontem à noite** *hier soir*
oportunidade (f) *opportunité*
ora bem! *eh bien !*
orégão (m) *origan*
orelha (f) *oreille externe*
organizar *organiser*
orgulhoso/a *fier(ère)*
ou *ou* ; **ou... ou...** *soit...soit...*
Outono (m) *automne*
outro/a *autre*
Outubro (m) *octobre*
ouvido (m) *oreille interne*
ouvir *entendre* ; *écouter*
ovo (m) *œuf*

paciência (f) *patience*
pacote (m) *paquet* ; *carton* ; *barquette*
padaria (f) *boulangerie*
padrão (m) (tissu) *imprimé*
pagar *payer*
pai (m) *père*
pais (m) *parents*
país (m) *pays*
palácio (m) *palais*
palavra (f) *mot*
pão (m) *pain* ; **pão de forma** *pain de mie* ; **pão caseiro** *pain fait maison*
papel (m) *papier* ; **papel higiénico** *papier hygiénique*
par (m) *paire*
para *pour* ; **para nós** *pour nous* ; **para o ano** *l'année prochaine*
parabéns! *bravo !* ; *félicitations !*
pára-brisas (m) *pare-brise*
paragem (f) *arrêt*
paraíso (m) *paradis*
parar *arrêter*
parede (f) *mur*
parque (m) *parc* ; **parque de campismo** *camping* ; **parque infantil** *terrain de jeux* ; **parque de diversões** *parc d'attractions*
partida (f) *départ*
partido/a *cassé(e)*
partir *casser* ; *partir*
passado/a *passé(e)* ; *dernier(ère)* ; **na semana passada** *la semaine dernière*
passaporte (m) *passeport*
passar *passer*
pássaro (m) *oiseau*
passear *se promener*
pasta de dentes (f) *dentifrice*
pastel (m) *gâteau* ; **pastel de bacalhau** *accra de morue*
pastelaria (f) *salon de thé*
pastilha (f) *pastille* ; **pastilhas para a garganta** *pastilles pour la gorge*

Lexique portugais-français

pato (m) *canard*
pé (m) *pied* ; **a pé** *à pied*
pedir *demander* ; *commander*
peito (f) *poitrine*
peixe (m) *poisson*
peixe-espada (m) *sabre*
pensão (f) *pension*
penso rápido (m) *pansement*
pequeno/a *petit(e)*
pequeno-almoço (m) *petit-déjeuner*
pêra (f) *poire*
perceves (mpl) *pousse-pieds*
perfeitamente *parfaitement*
pergunta (f) *question* ; **fazer uma pergunta** *poser une question*
perguntar *demander*
perigo (m) *danger*
perigoso/a *dangereux(se)*
perna (f) *jambe*
perto *près* ; *proche*
peru (m) *dinde*
pescada (f) *merlu*
pescador(a) *pêcheur(se)*
pêssego (m) *pêche*
pessoalmente *personnellement*
petiscos (mpl) *amuse-bouches*
picado/a *piqué(e)*
pimento (m) *poivron*
pingado (m) *café noisette*
pingar *goutter*
pingo (m) *café noisette*
pintar *peindre*
piquenique (m) *pique-nique*
piripiri (m) *piment rouge* ; *sauce au piment*
piscina (f) *piscine*
pizzaria (f) *pizzeria*
pneu (m) *pneu*
poder *pouvoir*

pois *eh bien*
polícia (f) *police*
polícia (mf) *policier(ère), gendarme*
poltrona (f) *fauteuil*
polvo (m) *poulpe*
por *pour* ; *par* ; **por favor** *s'il vous plaît* ; **por noite** *par nuit*
pôr *mettre*
porque *parce que*
porta (f) *porte* ; *portière*
porta-bagagens (m) *porte-bagages*
portanto *alors*
porto (m) *port* ; *(vin) porto*
português/esa *portugais(e)*
possível *possible*
postal (m) *carte postale*
pouco/a *peu* ; **poucas vezes** *peu souvent* ; **um pouco de** *un petit peu de*
pousada *hôtel de luxe géré par l'État* ; **pousada da juventude** *auberge de jeunesse*
povo (m) *peuple*
praça (f) *place* ; **praça de táxis** *station de taxis*
praia (f) *plage*
praticar *pratiquer* ; **praticar desporto** *faire du sport*
prato (m) *plat* ; **prato do dia** *plat du jour*
prazer *plaisir* ; **(muito) prazer!** *enchanté(e) !*
precisar (de) *avoir besoin de*
preço (m) *prix*
prédio (m) *immeuble*
preencher *remplir*
preferido/a *préféré(e)*
preferir *préférer*
preguiçoso/a *paresseux(se)*
pressa (f) *hâte* ; **ter pressa** *être pressé(e)*

presunto (m) *jambon sec*
preto/a *noir(e)*
Primavera (f) *printemps*
primeiros-socorros (mpl) *premiers secours*
privativo/a *particulier(ère)*
problema (m) *problème*
produzir *produire*
professor/a *professeur ; enseignant(e)*
programa (m) *programme*
proibido/a *interdit(e)* ; **proibido estacionar** *stationnement interdit*
próprio/a *propre ; personnel(le)*
protecção (f) *protection*
provar *essayer ; goûter*
provavelmente *probablement*
próximo/a *proche ; prochain(e)*
PSP (Polícia de Segurança Pública) *police de sécurité publique*
pudim (m) *flan* ; **pudim flan** *crème caramel*
puro/a *pur(e)*

quadro (m) *cadre ; tableau*
qual *quel, quelle ; lequel, laquelle*
qualidade (f) *qualité*
qualquer *n'importe quel (quelle)* ; **qualquer coisa** *quelque chose*
quando *quand*
quanto/a *combien* ; **quanto é?** *c'est combien ?* ; **quantos/as** *combien*
quarta(-feira) (f) *mercredi*
quarto (m) *chambre ; (mesure) quart* ; **quarto de casal** *chambre double* ; **quarto duplo/individual** *chambre double/simple* ; **quarto de família** *chambre familiale* ; **sete e um quarto** *sept heures et quart* ; **um quarto (de litro) de vinho** *un quart (de litre) de vin*
quarto (m) *rôti (morceau de viande)*

que *qui ; que ; quoi ; quel ; quelle* ; **que mais?** *autre chose ?* ; **que tal?** *qu'en penses-tu ?*
queijo (m) *fromage*
queimar *brûler*
quem *qui*
quente *chaud(e)*
querer *vouloir*
quilo(grama) (m) *kilogramme*
quinta(-feira) (f) *jeudi*
quintal (m) *jardin potager*
quotidiano (m) *quotidien*

rápido (m) *train express*
rápido/a *rapide*
realizado/a *réalisé(e)*
reboque (m) *remorque*
receita (f) *ordonnance médicale*
recepção (f) *réception*
recepcionista (mf) *réceptionniste*
reclamação (f) *réclamation*
recomendar *recommander*
refeição (f) *repas*
reformado/a *retraité(e)*
refrigerante (m) *soda*
região (f) *région*
relaxante *relaxant(e)*
remédio (m) *médicament*
renome (m) *renommée*
repetir *répéter*
repolho (m) *chou*
rés-do-chão (m) *rez-de-chaussée*
reservado/a *réservé(e)*
reservar *réserver*
restaurante (m) *restaurant*
resto (m) *reste*
retrete (f) *toilettes*
retrovisor (m) *rétroviseur*
reunião (f) *réunion*

Lexique portugais-français

revista (f) magazine
rochedo (m) rocher
roda (f) roue
rodoviária (f) gare routière
rolo (m) rouleau
romântico/a romantique
rosa rose
rotunda (f) rond-point
roubo (m) vol
roupa (f) vêtements
rua (f) rue
sábado (m) samedi
sabão (m) savon
saber savoir
saia (f) jupe
saída (f) sortie ; **saída de emergência** sortie de secours
sair sortir ; partir
sal (m) sel
sala (f) salle ; **sala de estar** salon ; **sala de jantar** salle à manger ; **sala de refeições** salle de restaurant
salada (f) salade ; **salada de fruta** salade de fruits
salsa (f) persil
salto (m) talon ; **de salto alto** à talon haut
sandália (f) sandale
sandes (f) sandwich
sanitários (mpl) toilettes
sapateira (f) tourteau
sapato (m) chaussure
sardinha (f) sardine ; **sardinhas assadas** sardines grillées
saudável sain(e)
saúde (f) santé
se si ; **se faz favor** s'il te/vous plaît
secretário/a secrétaire
século (m) siècle
seguir suivre

segunda(-feira) (f) lundi
selo (m) timbre
sem sans
sempre toujours
senhor (m) monsieur ; vous
senhora (f) madame ; vous
sentar-se s'asseoir
sentir-se se sentir
ser être
sério/a sérieux(se)
serra (f) montagne
serviço (m) service
servir aller (vêtements)
Setembro (m) septembre
seu son/sa; (le) sien/(la) sienne ; votre ; (le/la) vôtre ; **os seus amigos** ses/vos amis
sexta(-feira) (f) vendredi
si vous ; **para si** pour vous
sim oui
simpático/a sympathique
sinal (de trânsito) (m) panneau de circulation
sintoma (m) symptôme
só seul(e) ; seulement ; **não só … mas também** non seulement … mais aussi
sobremesa (f) dessert
socorro (m) secours ; **socorro!** au secours !
sofá (m) canapé
sol (m) soleil
solitário/a solitaire
solo (m) sol
sombra (f) ombre
sopa (f) soupe ; **sopa de legumes** soupe de légumes
sorte (f) chance ; **boa sorte!** bonne chance !
sossegado/a paisible ; calme
sossego (m) tranquillité
sozinho/a seul(e)

sua *son/sa; (le) sien/(la) sienne ; votre ; (le/la) vôtre ;* **as suas amigas** *ses/vos amies*
suculento/a *succulent(e)*
Suíça (f) *Suisse*
suíço/a *suisse*
sujo/a *sale*
sumo (m) *jus*
supermercado (m) *supermarché*

tal *tel, telle ;* **tais como** *tels/telles que*
talão (m) *ticket ; talon*
talvez *peut-être ;* **talvez haja** *peut-être y a-t-il*
tamanho (m) *taille*
também *aussi*
tangerina (f) *clémentine*
tarde *tard*
tarde (f) *après-midi ; soir ; soirée ;* **boa tarde** *bonjour ; bon après-midi ; bonsoir*
tarifa (f) *tarif*
tasca (f) *bistrot*
táxi (m) *taxi*
tchau! *salut !*
teatro (m) *théâtre*
telenovela (f) *feuilleton*
televisão (f) *télévision*
tempo (m) *temps ;* **tempos livres/de lazer** *temps libre*
tenda (f) *tente*
tentar *essayer*
ter *avoir*
terça(-feira) (f) *mardi*
terra (f) *terre ; région (natale)*
terraço (m) *balcon*
teu *ton; (le) tien ;* **os teus pais** *tes parents*
ti *toi ;* **para ti** *pour toi*
tipicamente *typiquement*
típico/a *typique*
tirar *retirer ; prendre ;* **tirar férias** *prendre des vacances*
todo/a *tout(e) ;* **todas as noites** *tous les soirs ;* **todos os dias** *tous les jours ;* **ao todo** *en tout*
tomar *prendre ;* **tomaste...?** *as-tu pris... ? ;* **tomar o pequeno-almoço** *prendre le petit-déjeuner*
tomate (m) *tomate*
tonto/a: sentir-se tonto/a *avoir la tête qui tourne*
trabalhador(a) *travailleur(se)*
trabalhar *travailler*
trabalho (m) *travail*
transeunte (mf) *passant*
transporte (m) *transport ;* **transportes públicos** *transports publics*
travão (m) *frein*
tripas (fpl) *tripes*
triplicado/a *en triple exemplaire*
tristeza (f) *tristesse*
trocar *changer ; échanger*
troco (m) *monnaie*
trovoada(f) *tonnerre*
tu *tu ; toi*
tua *ta ; (la) tienne;* **as tuas sandálias** *tes sandales*
tubo (m) *tube*
tudo *tout*
turismo (m) *tourisme*
turista (mf) *touriste*

último/a *dernier(ère)*
um(a) *un(e)*
único/a *unique, seul(e)*
universidade (f) *université*
urgência (f) *urgence*
vaga (f) *chambre libre ; emplacement libre ;*

Lexique portugais-français

tem vagas? *avez-vous de la place ?*
vago/a *libre*
valor (m) *valeur*
vários/as *plusieurs*
vaso (m) *vase*
veículo (m) *véhicule*
velho/a *vieux/vieille* ; **o/a mais velho/a** *l'aîné(e)*
vender *vendre* ; **vende-se** *à vendre*
vento (m) *vent*
ver *voir* ; *regarder*
Verão (m) *été*
verde *vert*
vermelho/a *rouge*
véspera (f) *veille*
vestido (m) *robe*
vestir-se *s'habiller*
vestuário (m) *vêtements*
vez (f) *fois* ; **às vezes** *parfois* ; **de vez em quando** *de temps en temps* ; **uma vez por** *une fois par* ; **muitas vezes** *souvent* ; **poucas vezes** *peu souvent, rarement*

viagem (f) *voyage*
viajar *voyager*
vida (f) *vie*
vidro (m) *verre* ; *vitre* ; **vidro traseiro** *lunette arrière*
vinho (m) *vin* ; **vinho branco** *vin blanc* ; **vinho do Porto** *porto* ; **vinho espumoso/espumante** *vin mousseux* ; **vinho moscatel** *muscat* ; **vinho rosé** *vin rosé* ; **vinho tinto** *vin rouge* ; **vinho verde** *vin vert*
vir *venir* ; *arriver*
virar *tourner*
vista (f) *vue*
viver *vivre*
você(s) *vous*
volante (m) *volant*
voleibol *volley-ball*
vomitar *vomir*
vosso/a *votre* ; *(le) vôtre* ; **os vossos amigos** *vos amis*

xarope (m) *sirop*

accepter **aceitar**
accident **acidente (m)**
acheter **comprar**
adresse **morada (f)**
aéroport **aeroporto (m)**
âge **idade (f)**
agréable **agradável**
aider **ajudar**
ail **alho (m)**
aimer **gostar de** ; *j'aimerais bien* **gostava muito de**
ainsi **assim**
air **ar (m)**
alentours : aux alentours **nos arredores**
Allemagne **Alemanha (f)**
allemand(e) **alemão/alemã**
aller **ida (f)** ; *(un) aller-retour* **(um bilhete de) ida e volta**
aller **ir** ; *s'en aller* **ir-se embora** ; *bien aller* **estar bom/boa**
allonger : s'allonger **deitar-se**
alors **então**
ambulance **ambulância (f)**
améliorer **melhorar**
ami(e) **amigo/a** ; *petit(e) ami(e)* **namorado/a**
ancien(ne) **antigo/a**
anglais(e) **inglês(a)**
Angleterre **Inglaterra (f)**
animé(e) **movimentado/a**
année **ano (m)**
appareil photo **máquina fotográfica (f)**
appartement **apartamento (m)**
appel **chamada (f)**
appeler : s'appeler **chamar-se** ; *je m'appelle* **chamo-me**
après **depois**

après-midi **tarde (f)** ; *bon après-midi* **boa tarde**
arbre **árvore (f)**
argent **dinheiro (m)**
armoire **armário (m)**
arranger **arranjar**
arrêt (de bus) **paragem (f)**
arrêter **parar**
arriver **chegar**
artistique **artístico/a**
ascenseur **elevador (m)**
aspirine **aspirina (f)**
asseoir : s'asseoir **sentar-se**
assez **bastante**
attendre **esperar**
attention **cuidado (m)**
attraction **attracção (f)**
auberge **albergue (m)**
aujourd'hui **hoje**
aussi **também**
automne **Outono (m)**
autoroute **auto-estrada (f)**
autre **outro/a**
avant **antes de**
avant-hier **anteontem**
avec **com** ; *avec nous* **connosco** ; *avec vous* **consigo** ; *avec toi* **contigo**
avenue **avenida (f)**
avez-vous... ? **tem... ?**
avion **avião (m)**
avocat(e) **advogado/a**
avoir **haver** ; **ter** ; *avoir besoin de* **precisar de** ; *avoir la tête qui tourne* **sentir-se tonto/a** ; *il y a / avait* **há/havia**

balcon **terraço (m)**
banque **banco (m)**
bateau **barco (m)**

Lexique français-portugais

beau (belle) **lindo/a**
beaucoup **muito; muito/a;** *beaucoup de monde* **muita gente;** *beaucoup de choses* **muitas coisas**
belge **belga**
Belgique **Bélgica (f)**
beurre **manteiga (f)**
bibliothèque **biblioteca (f)** ; *(meuble)* **estante (f)**
bicyclette **bicicleta (f)**
bien **bem** ; *eh bien* **pois, ora bem** ; *bien sûr* **claro**
bientôt **brevemente** ; *à bientôt* **até breve**
bière **cerveja (f)**
bifteck **bife (m)**
billet *(ticket)* **bilhete (m)**
blanc(he) **branco/a**
blessé(e) **ferido/a**
blesser **ferir**
bleu **azul** ; *bleu ciel* **azul-claro** ; *bleu foncé* **azul escuro**
bocal **vidro (m)**
boire **beber**
boisson **bebida (f)**
bonjour (le matin) **bom dia**
bon marché **barato/a**
bonsoir (le soir) **boa noite**
botte **bota (f)**
bouche **boca (f)**
boue **lama (f)**
boulangerie **padaria (f)**
bouteille **garrafa (f)**
bras **braço (m)**
Brésil **Brasil (m)**
brésilien(ne) **brasileiro/a**
bruit **barulho (m)**
bruyant(e) **barulhento/a**
brûler **arder**
bureau **escritório (m)** ; *bureau de poste* **estação de correios (f)**
bus **autocarro (m)** ; **camioneta (f)**

cabine **cabine (f)**
cadre **quadro (m)**
café (expresso) **bica (f)** ; *(au lait)* **galão (m), meia-de-leite (f);** *(noisette)* **garoto (m), pingado (m)**
caisse **caixa (f)**
calme **calmo/a**
campagne **campo (m)**
camping **parque de campismo (m)** ; *camping-car* **autocaravana (f)**
canapé **sofá (m)**
car **autocarro (m)** ; **camioneta (f)**
caravane **caravana (f)**
carotte **cenoura (f)**
carte **mapa (m)** ; *carte postale* **postal (m)** ; *carte de crédit* **cartão de crédito (m)** ; *carte téléphonique* **cartão telefónico (m)**
cassé(e) **partido/a**
cathédrale **catedral (f)**
ce (là) **aquele** ; *(ici)* **este**
celle (là) **aquela** ; *(ici)* **esta**
celle-ci **esta**
celle-là **aquela**
celui (là) **aquele** ; *(ici)* **este**
celui-ci **este**
celui-là **aquele**
cent **cem, cento** ; *cent un* **cento e um**
centre **centro (m)**
cet (là) **aquele** ; *(ici)* **este**
cette (là) **aquela** ; *(ici)* **esta**
chaleur **calor (m)**
chambre **quarto (m)**
changer **trocar**
chaque **cada**

charmant(e) **charmoso/a ; encantador(a)**
chat **gato (m)**
château **castelo (m)**
chaud(e) **quente**
chauffage **aquecimento (m)**
chaussure **sapato (m)**
chemin **caminho (m)**
cheminée **lareira (f)**
chemise **camisa (f)**
chemisier **blusa (f)**
chèque de voyage **cheque de viagem (m)**
cher(ère) **caro/a**
cheval **cavalo (m)**
choisir **escolher**
chômage : au chômage **desempregado/a**
chose **coisa (f)**
chou **couve (f) repolho (m)**
ciel **céu (m)**
clé **chave (m)**
client(e) **freguês/esa**
climat **clima (m)**
climatisation **ar condicionado (m)**
coin (angle extérieur) **esquina (f)**
collection **colecção (f)**
combien **quanto/a, quantos/as ;** *c'est combien ?* **quanto é?**
commander **pedir**
comment **como ;** *comment allez-vous ?* **como está?**
commissariat **esquadra (f)**
communiquer **comunicar**
complètement **completamente**
comprendre **entender ; incluir ;** *y compris* **incluindo**
comprimé **comprimido (m)**

conduire **conduzir ;** *se faire conduire quelque part* **pedir boleia (f) a alguém**
confiture **doce (m)**
connaître **conhecer**
contre **contra**
corps **corpo (m)**
côté **lado (m) ;** *à côté de* **ao lado de**
côtelette **costeleta (f)**
coucher : se coucher **deitar-se**
couleur **cor (f)**
couper **cortar ;** *se couper* **cortar-se**
couple **casal (m)**
course (achat) **compra (f)**
coûter **custar**
cravate **gravata (f)**
croire **crer**
cuir **cabedal (m)**
cuisine **cozinha (f)**
cuisinière **fogão (m)**
culture (connaissances) **cultura (f)**
culturel (le) **cultural**

danger **perigo (m)**
dangereux(se) **perigoso/a**
dans **em**
de **de**
dedans **dentro**
dehors **lá fora**
déjà **já**
déjeuner (verbe) **almoçar;** *(repas)* **almoço (m)**
délicieux/se **delicioso/a**
demain **amanhã**
demander **pedir;** *(question)* **perguntar**
dent **dente (m)**
dentiste **dentista (mf)**
depuis **desde**

Lexique français-portugais

dernier(ère) **passado/a; último/a;** *la semaine dernière* **a semana passada;** *le dernier train* **o último comboio**
derrière **detrás de**
désagréable **desagradável**
désolé (être) **lamentar**
dessert **sobremesa (f)**
dessous **em baixo**
dessus **em cima**
devant **em frente de**
difficile **difícil**
dimanche **domingo (m)**
dîner (repas) **jantar (m)**
dîner (verbe) **jantar**
dire **dizer**
doigt **dedo (m)**
dormir **dormir**
dos **costas (fpl)**
douche **chuveiro (m)** ; *prendre une douche* **tomar banho**
douleur **dor (f)**
douzaine **dúzia (f)**
droite **direita** ; *à/sur la droite* **à direita**

eau **água (f)**
école **escola (f)**
écrire **escrever**
écrivain **escritor(a)**
également **igualmente**
église **igreja (f)**
élégant(e) **elegante**
employé(e) de banque **bancário/a**
emporter **levar**
en **em**
enchanté(e) **encantado/a** ; *enchanté !* **muito prazer!**
endroit **lugar (m)**
enfant **criança (f)**
enfants **filhos (mpl)**

ennuyeux/se **aborrecido/a**
ennui **maçada (f)**
enrhumé(e) **constipado/a**
ensemble (vêtements) **conjunto (m)**
entendre **ouvir**
entier(ère) **inteiro/a**
entre **entre**
entrecôte **entrecosto (m)**
entrée **entrada (f)**
entreprise **empresa (f)**
épicerie **mercearia (f)**
escalope **escalope (f)**
Espagne **Espanha (f)**
espagnol(e) **espanhol(a)**
essayer **provar**
essence **gasolina (f)**
estomac **estômago (m)**
et **e**
étage **andar (m)**
États-Unis **Estados Unidos (mpl)**
été **Verão (m)**
étranger(ère) **estrangeiro/a**
être **ser** ; *(emplacement, état)* **estar** ; *(emplacement)* **ficar**
étudiant(e) **estudante (mf)**
euro **euro (m)**
évanouir : s'évanouir **desmaiar**
exactement **exactamente**
excusez-moi **desculpe** ; **com licença**
expérimenter **experimentar**
extérieur : à l'extérieur **fora**

face **frente (f)** ; *en face (de)* **em frente (de/a)**
facile **fácil**
faim **fome (f)**
faire **fazer**
famille **família (f)** ; *en famille* **em família**

fauteuil **poltrona (f)**
femme **mulher (f)** ; *femme au foyer* **dona (f) de casa**
fermé(e) **fechado/a**
fermer **encerrar** ; **fechar**
feuilleton **telenovela (f)**
fier/fière **orgulhoso/a**
fille **filha (f)**
fils **filho (m)**
fin **fim (m)** ; *à la fin de* **no fim de**
fleur **flor (f)**
foire (marché) **feira (f)**
fois **vez (f)** ; *une fois par* **uma vez por**
fonctionner **funcionar**
fond : au fond **ao fundo**
formulaire **ficha (f)**
four **forno (m)**
frais/fraîche **fresco/a**
français(e) **francês/esa**
France **França (f)**
frein **travão (m)**
frère **irmão (m)**
frites **batatas fritas (fpl)**
froid(e) **frio/a**
fromage **queijo (m)**
fruit **fruto (m)** ; *manger des fruits* **comer fruta**
fruits de mer **marisco (m)**
fuite **buraco (m)**
fumer **fumar**
fumeur(se) **fumador(a)**

gare **estação (f)**
garé(e) **estacionado/a**
garer : se garer **estacionar**
gazole **gasóleo (m)**
gâteau **bolo (m), pastel (m)**
gauche **esquerda** ; *à/sur la gauche* **à esquerda**
généralement **geralmente**
gens **gente (f)**
glaçon **gelo (m)**
goûter **provar**
goutter **pingar**
grand(e) **grande** ; *(personne)* **alto/a**
grave **grave**
grec(que) **grego/a**
Grèce **Grécia (f)**
grippe **gripe (f)**

habiter **morar**
heure **hora (f)** ; *une demi-heure* **meia hora** ; *à quelle heure ?* **a que horas?** ; *quelle heure est-il ?* **que horas são?**
heureux **feliz**
hier **ontem**
historique **histórico/a**
hiver **Inverno (m)**
homme **homem (m)** ; *homme d'affaires* **homem de negócios**
honnête **honesto/a**
hôpital **hospital (m)**
horaire **horário (m)**
hôtel **hotel (m)**
huile **óleo (m)** ; *huile d'olive* **azeite (m)**

ici **aqui** ; **cá**
idéal(e) **ideal**
identité **identidade (f)**
il/elle **ele/a**
île **ilha (f)**
immeuble **prédio (m)**
importer ; n'importe quel(le) **qualquer um(a)**
imprimé (tissu) **padrão (m)**
infirmier(ère) **enfermeiro/a**
information **informação (f)**

Lexique français-portugais

intéressant **interessante**
isolé(e) **isolado/a**

jamais **nunca**
jambon (blanc) **fiambre (m)** ; *(sec)* **presunto (m)**
Japon **Japão (m)**
jaune **amarelo/a**
je **eu**
jeudi **quinta(-feira) (f)**
jeune **jovem**
joli(e) **bonito/a**
jouer (un jeu) **jogar**
journal **jornal (m)**
jupe **saia (f)**
jus **sumo (m)**
jusque : jusqu'à **até** ; *jusqu'ici* **até aqui**
juste **certo/a**

kilogramme **quilo (m)**

la **a**
là-bas **lá**
lac **lago (m)**
laisser **deixar**
lait **leite (m)**
laquelle **qual** ; *laquelle ?* **a qual?**
le **o**
lentement **devagar**
lequel **qual** ; *lequel ?* **o qual?**
lettre **carta (f)**
leur **seu/sua**
libre (place, chambre) **vago/a**
lire **ler**
lit **cama (f)** ; *lit double* **cama de casal** ; *lit simple* **cama individual**
litre **litro (m)**
livre **livro (m)**
logement **alojamento (m)**

loin **longe**
lumière **luz (f)**
lundi **segunda(-feira) (f)**
Luxembourg **Luxemburgo (m)**
luxembourgeois(e) **luxemburguês/esa**

ma **o meu/a minha**
machine **máquina (f)** ; *machine à laver* **máquina de lavar roupa**
madame **senhora (f)**
magasin **loja (f)** ; *magasin de vêtements* **casa de moda (f)**
magazine **revista (f)**
main **mão (f)**
maintenant **agora** ; **já**
mais **mas**
maison **casa (f)**
mal **dor (f)** ; *mal de tête* **dor de cabeça** ; *faire mal* **doer, magoar** ; *se faire mal* **magoar-se**
malade **doente**
maladie **doença (f)**
manger **comer**
marché **mercado (m)**
marcher **andar** ; *(fonctionner)* **funcionar**
mardi **terça(-feira) (f)**
mari **marido (m)**
matin **manhã (f)**
médecin **médico/a**
médicament **remédio (m)**
même **mesmo/a**
menu **ementa (f)**
mer **mar (m)**
merci **obrigado/a**
mercredi **quarta(-feira) (f)**
mère **mãe (f)**
merveilleux(se) **maravilhoso/a**
mettre **pôr**

mien(ne) **o meu/a minha**
migraine **enxaqueca (f)**
mille **mil**
moderne **moderno/a**
moi **me** ; *(pour insister)* **eu** ; *(après une préposition)* **mim** ; *aide-moi* **ajuda-me** ; *pour moi* **para mim** ; *moi-même* **eu próprio/a**
moins **menos** ; *au moins* **pelo menos**
moitié **meio (m)** ; **metade (f)**
mon **o meu/a minha**
monnaie **troco (m)**
monsieur **senhor (m)**
morue **bacalhau (m)**
mouillé(e) **molhado/a**
moustique **mosquito (m)**
mur **parede (f)**
mûr(e) **maduro/a**
musée **museu (m)**
musique **música (f)**

nager **nadar**
nationalité **nacionalidade (f)**
neige **neve (f)**
nerveux(se) **nervoso/a**
nettoyer **limpar**
nez **nariz (m)**
noir(e) **preto/a**
nom **nome (m)**
non **não**
notre, nôtre **o nosso/a nossa**
nourriture **comida (f)**
nous **nós**
nuage **nuvem (f)**
nuageux(se) **nublado/a**
numéro **número (m)**

objet **objecto (m)**
œil **olho (m)**

œuf **ovo (m)**
oignon **cebola (f)**
offrir **oferecer**
olive **azeitona**
ombre **sombra (f)**
opportunité **oportunidade (f)**
orange **laranja (f)**
oreille *(interne)* **ouvido (m)**; *(externe)* **orelha (f)**
organiser **organizar**
ou **ou**
où **onde** ; *d'où êtes-vous ?* *(singulier)* **de onde é?**, *(pluriel)* **de onde são?**
oublier **esquecer(-se)**
oui **sim**
ouvert(e) **aberto/a**
ouvrir **abrir**

pain **pão (m)**
paire **par (m)**
panne **avaria (f)** ; *en panne* **avariado/a**
panneau (de circulation) **sinal (m)**
pantalon **calças (fpl)**
papier **papel (m)** ; *papier hygiénique* **papel higiénico**
paquet **pacote (m)**
par **por** ; *par nuit* **por noite**
parc **parque (m)**
parce que **porque**
parents **pais (m)**
paresseux(se) **preguiçoso/a**
parfois **às vezes**
parler **falar**
partir **partir**
passant **transeunte (mf)**
passeport **passaporte (m)**
passer **passar**
pâtisserie **pastelaria (f)**
patron **chefe (m)**

Lexique français-portugais

payer **pagar**
pays **país (m)**
peindre **pintar**
pendant **durante**
pension **pensão (f)**
perdre **perder**
père **pai (m)**
personnellement **pessoalmente**
petit-déjeuner **pequeno-almoço (m)**
petit(e) **pequeno/a**
peu **pouco/a** ; *un petit peu* **um pouquinho**
peut-être **talvez**
pharmacie **farmácia (f)**
pièce (d'une maison) **assoalhada (f)**
pied **pé** ; *à pied* **a pé**
piqué(e) **picado/a**
pique-nique **piquenique (m)**
piscine **piscina (f)**
place **praça (f)**
plage **praia (f)**
plein(e) de **cheio/a de**
pluie **chuva (f)**
plus **mais** ; *plus de* **mais de** ; *plus grand* **maior** ; *plus ou moins* **mais ou menos** ; *plus tard* **mais tarde**
plusieurs **vários/as**
poisson **peixe (m)**
pompiers **bombeiros (mpl)**
port **porto (m)**
porte **porta (f)**
portefeuille **carteira (f)**
portion **dose (f)**
porto **vinho do Porto (m)**
portugais(e) **português/esa**
possible **possível**
poulet **frango (m)**
pour **para** ; *(durée, cause)* **por** ; *pour nous* **para nós** ; *pour une semaine* **por uma semana**

pouvoir **poder**
préférer **preferir**
premier/ère **primeiro/a**
prendre **tomar ; apanhar** ; *(direction)* **ir por** ; *prendre le soleil* **apanhar sol** ; *prendre des vacances* **tirar férias**
près **perto**
pression (bière) **fino (m) ; imperial (f)**
printemps **Primavera (f)**
prix **preço (m)**
probablement **provavelmente**
problème **problema (m)**
prochain(e) **próximo/a** ; *à la prochaine* **até à próxima**
proche **perto**
professeur **professor/a**
promener : se promener **passear**
propre **limpo/a**
protection **protecção (f)**

qualité **qualidade (f)**
quand **quando**
que **que**
quel(le) (interrogatif) **qual** ; *(exclamatif)* **que**
quelle **qual ; que**
quelqu'un **alguém**
quelque **algum(a) ; a qualquer**
question **pergunta (f)** ; *poser une question* **fazer uma pergunta**
qui (quiconque) **quem** ; *(quelque soit)* **que**
quoi **que** ; *quoi ?* **o quê?**
quotidien(ne) **quotidiano/a**

rapide **rápido/a**
réception **recepção (f)**
recommander **recomendar**
réfrigérateur **frigorífico (m)**

région **região (f)**
relaxant(e) **relaxante**
remorque **atrelado (m) ; reboque (m)**
remplir **encher** ; *(formulaire)* **preencher**
rentrer (chez soi) **ir para casa** ; *(retourner)* **regressar**
repas **refeição (f)**
réservé(e) **reservado/a**
réserver **reservar**
reste **resto (m)**
retard : en retard **atrasado/a**
retirer **tirar**
retraité(e) **reformado/a**
réunion **reunião (f)**
revoir : au revoir ! **adeus!**
rez-de-chaussée **rés-do-chão (m)**
rien **nada** ; *de rien* **de nada**
riz **arroz (m)** ; *riz aux fruits de mer* **arroz (m) de marisco**
robe **vestido (m)**
rond-point **rotunda (f)**
rose **rosa**
rouge **vermelho/a**
route **estrada (f)**
rue **rua (f)**

sa **a sua**
sable **areia (f)**
sac **saco (m)** ; *sac à main* **carteira (f)**
sain(e) **saudável**
saison **estação (f)**
salade **salada (f)**
sale **sujo/a**
salle **sala (f)** ; *salle à manger* **sala de jantar** ; *salle de bain* **casa-de-banho (f)**
salon **sala de estar (f)**
salut ! **ola!** ; *(au revoir)* **adeus!, tchau!**
samedi **sábado (m)**
sandale **sandália (f)**
sandwich **sandes (f)**
sans **sem**
santé **saúde (f)**
sardine **sardinha (f)**
secours **socorro (m)** ; *au secours !* **socorro!** ; *premiers secours* **primeiros-socorros**
sel **sal (m)**
sentir : se sentir **sentir-se**
sérieux(se) **sério/a**
seul(e) **sozinho/a**
si **se**
sien(ne) **o seu/a sua**
signer **assinar**
sirop **xarope (m)**
soda **refrigerante (m)**
sœur **irmã (f)**
soi **si**
son **o seu**
solitaire **solitário/a**
sortie **saída (f)** ; *sortie de secours* **saída de emergência**
sortir **sair**
soupe **sopa (f)** ; *soupe au chou* **caldo verde (m)**
sous **em baixo de ; debaixo**
souvent **muitas vezes** ; *peu souvent* **poucas vezes**
spécialité **especialidade (f)**
sportif(ve) **desportivo/a**
sport **desporto (m)**
stationnement **estacionamento (m)**
style **estilo (m)**
Suisse **Suíça (f)**
suisse **suíço/a**
super (carburant) **gasolina super (f)**

Lexique français-portugais

sur (dessus) **em cima de** ; *(au sujet de)* **sobre**
sympathique **simpático/a**
symptôme **sintoma (m)**

ta **a tua**
table **mesa (f)**
taille **tamanho (m)**
talon **salto (m)** ; *à talon haut* **de salto alto**
tard **tarde**
taxi **táxi (m)** ; *station de taxis* **praça de táxis (f)**
télévision **televisão (f)**
temps **tempo (m)** ; *temps libre* **tempos livres/de lazer**
tente **tenda (f)**
terrain **campo (m)** ; *terrain de golf* **campo de golfe** ; *terrain de tennis* **campo de ténis** ; *terrain de jeux* **parque infantil (m)**
terrasse **esplanada (f)**
terre **terra (f)**
thon **atum**
tien(ne) **o teu/a tua**
timbre **selo (m)**
toi **te;** *(pour insister)* **tu** ; *(après une préposition)* **ti** ; *dépêche-toi !* **despacha-te!** ; *pour toi* **para ti** ; *toi-même* **tu próprio/a**
toilettes **retrete (f), sanitários (mpl)**
ton **o teu**
tonnerre **trovoada (f)**
tôt **cedo**
toujours **sempre**
tourner **virar**
tout(e) **todo/a** ; *(la totalité)* **tudo** ; *à tout de suite !* **até jà!** ; *tous les jours* **todos os dias** ; *tous les soirs* **todas as noites** ; *tout ça* **isso tudo**
train **comboio (m)**

tranquillité **sossego (m)**
transport **transporte (m)** ; *transports publics* **transportes públicos**
travail **trabalho (m)**
travailler **trabalhar**
travailleur(se) **trabalhador(a)**
très **muito** ; *très bien* **muito bem**
tripes **tripas (fpl)**
triple exemplaire (en) **triplicado/a**
trouver **encontrar** ; **achar**
tu **tu**
typique **típico/a**
typiquement **tipicamente**

un(e) **um(a)**
unique **único/a**
université **universidade (f)**
urgence **urgência (f)** ; **emergência (f)**

vacances **férias (f)**
vase **vaso (m)**
vendre **vender** ; *à vendre* **vende-se**
vendredi **sexta(-feira) (f)**
venir **vir**
vent **vento (m)**
verre *(pour boire)* **copo (m)** ; *(matière)* **vidro (m)**
vert(e) **verde**
veste **casaco (m)**
vêtements **roupa (f)**
viande **carne (f)**
vie **vida (f)**
vieux (vieille) **velho/a**
village **aldeia (f)**
ville **cidade (f)**
vin **vinho (m)** ; *vin blanc* **vinho branco** ; *vin mousseux* **vinho espumoso/espumante** ; *vin rosé* **vinho rosé** ; *vin rouge* **vinho tinto**
vivre **viver**

voie (dans une gare) **linha (f)**
voir **ver**
voiture **carro (m)**
vol **roubo (m)**
vomir **vomitar**
votre, vôtre **o vosso/a vossa**
vouloir **querer**

vous **você(s)** ; *(plus formel)* **a(s) senhora(s) (f)** ; **o(s) senhor(es) (m)**
voyage **viagem (f)**
vue **vista (f)**

week-end **fim-de-semana (m)**

Lexique français-portugais

Les nombres

um (uma)	1
dois (duas)	2
três	3
quatro	4
cinco	5
seis	6
sete	7
oito	8
nove	9
dez	10
onze	11
doze	12
treze	13
catorze	14
quinze	15
dezasseis	16
dezassete	17
dezoito	18
dezanove	19
vinte	20

vinte e um (uma)	21
trinta	30
quarenta	40
cinquenta	50
sessenta	60
setenta	70
oitenta	80
noventa	90
cem (cento)	100
cento e um (uma)	101
duzentos/as	200
trezentos/as	300
quatrocentos/as	400
quinhentos/as	500
seiscentos/as	600
setecentos/as	700
oitocentos/as	800
novecentos/as	900
mil	1 000
um milhão	1 000 000

primeiro/a, 1.º/1.ª	**premier**	sexto/a, 6.º/6.ª	**sixième**
segundo/a, 2.º/2.ª	**deuxième**	sétimo/a, 7.º/7.ª	**septième**
terceiro/a, 3.º/3.ª	**troisième**	oitavo/a, 8.º/8.ª	**huitième**
quarto/a, 4.º/4.ª	**quatrième**	nono/a, 9.º/9.ª	**neuvième**
quinto/a, 5.º/5.ª	**cinquième**	décimo/a, 10.º/10.ª	**dixième**

Index grammatical

adjectifs 19, 25, 33–4, 36, 45
adverbes de fréquence 42, 75
article 21, 24–5
contractions 21, 25, 42, 82
chiffres 24, 62, 87, 92–3
démonstratifs 32
heure 60–1, 169
interrogatives (phrases) 4, 27, 68, 72
négation 15
pluriel 12, 21, 32–3, 107
por / para 76, 82
possessifs 32–3
prépositions 21, 25, 54, 65, 95
pronoms 11, 32
titres 4, 6, 68, 72

verbes
 conditionnel 85
 estar 6, 36–7
 futur proche 84
 haver 51
 impératif 95–6, 106
 irréguliers 76, 81–2, 92, 133, 143
 passé composé 155
 passé simple 155, 168–9
 présent 22, 41, 45, 59–60, 66–7, 155
 pronominaux 6, 60, 66–7, 95
 ser 11, 36–7
 ter 35–6, 133, 155

Contenuu des CD

 **CD1**

Piste 1	Introduction	
Piste 2	Chapitre 1	Enchanté(e)
Piste 3	Chapitre 2	D'où êtes-vous ?
Piste 4	Chapitre 3	Où habitez-vous ?
Piste 5	Chapitre 4	La famille
Piste 6	Chapitre 5	Les goûts personnels
Piste 7	Chapitre 6	À la maison
Piste 8	Chapitre 7	La vie quotidienne
Piste 9	Chapitre 8	Le temps libre
Piste 10	Chapitre 9	Les vacances
Piste 11	Chapitre 10	Les transports

 **CD2**

Piste 1	Chapitre 11	Voyager
Piste 2	Chapitre 12	En ville
Piste 3	Chapitre 13	Faire les courses
Piste 4	Chapitre 14	Manger à l'extérieur
Piste 5	Chapitre 15	Se sentir mal
Piste 6	Chapitre 16	Voyager en voiture
Piste 7	Chapitre 17	L'hébergement
Piste 8	Chapitre 18	Faire du camping
Piste 9	Chapitre 19	Les divertissements

Dépôt légal : août 2011
Imprimé en Espagne par Macrolibros
305892-03/11027111 - février 2014